"十二五"普通高等教育本科国家级规划教材配套参考书

21世纪统计学系列教材

U0795081

《统计学(第8版)》学习指导书

双色印刷

贾俊平 编著

Study Guide to Statistics

中国人民大学出版社
·北京·

总 序

教育是国之大计、党之大计。习近平总书记指出："'两个一百年'奋斗目标的实现、中华民族伟大复兴中国梦的实现，归根到底靠人才、靠教育。"

改革开放以来，高等统计教育有了很大的发展。作为培养我国统计专门人才的摇篮，中国人民大学统计学院自 1952 年创建以来，始终坚持理论与应用相结合的办学方向，着力培养能够理论联系实际、解决实际问题的高层次人才。为了更好地服务教学，中国人民大学统计学院组织并与统计学界同仁共同编写，于 2000 年首次出版了国内较早、成体系的一套丛书——21 世纪统计学系列教材。本系列教材，历经 20 余年的建设，适应统计教育的发展变化，不断修订完善，得到了社会的广泛认可，已成为全国统计学高等教育最有影响力的系列教材之一。系列教材中，既有"十一五"或"十二五"普通高等教育本科国家级规划教材，又有教育部高等学校统计学类专业教学指导委员会推荐用书。在 2021 年首届全国教材建设奖评选中，《统计学（第 7 版）》获评全国优秀教材（高等教育类）。

随着时代的发展和高等教育的变化，系列教材也要与时俱进，及时反映新时代的要求，为此，我们对系列教材不断改版更新。一方面，深入学习贯彻习近平新时代中国特色社会主义思想，紧扣立德树人的根本任务，密切结合中国实际，大量融入中国案例和数据，使学生进一步坚定中国特色社会主义道路自信、理论自信、制度自信、文化自信。另一方面，深刻把握统计学科的专业特点，面对大数据时代的新形势，突出统计理论方法与计算机实现技术的结合，强调方法与技术在实际领域中的应用，同时，精心打造配套的新形态和立体化教学资源，助力现代化教学实践。

感谢所有关注我们的同仁，他们本着对统计学科的热情和提高统计教育水平的愿望，帮助我们不断改进这套教材。感谢参与教材编写的同行专家、统计学院的教师。愿大家的辛勤劳动能够结出丰硕的果实。我们期待着与统计学界的同仁共同创造统计学科辉煌的明天。

王晓军
中国人民大学统计学院

前　言

本书是与《统计学（第8版）》（贾俊平、何晓群、金勇进编著，21世纪统计学系列教材，“十二五”普通高等教育本科国家级规划教材，首届全国教材建设奖全国优秀教材（高等教育类））相配套的学习指导书。每章内容大体上包括学习指导、主要公式、选择题和选择题答案、教材练习题详细解答等几部分。学习指导部分概括性地介绍了本章的内容，并用表格形式给出了本章的结构、主要内容和学习要点。主要公式部分给出了本章的一些主要公式。考虑到主教材后面配有一定数量计算形式的习题，所以本书的练习题部分只给出了选择题，内容涉及概念性的、理解性的和计算性的。每章选择题的数量都较多，通过练习可以全面理解和掌握本章的内容，选择题部分给出了相应的答案。最后给出了主教材后面的练习题详细解答，包括计算步骤和结果，供学习时参考。本书的末尾提供了两套模拟试题及参考答案。

本书可作为学生用书，也可作为教师的参考书。由于作者水平所限，本书难免存在错误和不当之处，希望读者多提宝贵意见，以便进一步修改和完善。

贾俊平

目 录

第1章 导 论

一、学习指导

统计学是处理和分析数据的方法和技术，几乎应用到所有的学科检验领域。本章首先介绍统计学的含义和应用领域，然后介绍统计数据的类型，最后介绍统计中常用的一些基本概念。本章各节的主要内容和学习要点总结在下面的表格中。

章节	主要内容	学习要点
1.1 统计及其应用领域	什么是统计学	▶ 概念：统计学，描述统计，推断统计。
	统计的应用领域	▶ 统计的应用领域。
1.2 统计数据的类型	分类数据和数值数据	▶ 概念：分类数据，数值数据。 ▶ 不同数据的特点。
	观测数据和实验数据	▶ 概念：观测数据，实验数据。
	截面数据和时间序列数据	▶ 概念：截面数据，时间序列数据。
1.3 统计中的几个基本概念	总体和样本	▶ 概念：总体，样本，样本量。
	参数和统计量	▶ 概念：参数，统计量。
	变量	▶ 概念：变量，分类变量，数值变量，连续变量，离散变量。

二、选择题

1. 指出下面的变量哪一个属于无序分类变量（　　）。

   A. 年龄

   B. 工资

C. 汽车产量

D. 购买商品时的支付方式（现金、信用卡、支票）

2. 指出下面的变量哪一个属于有序分类变量（　　）。

A. 年龄

B. 工资

C. 汽车产量

D. 员工对企业某项改革措施的态度（赞成、中立、反对）

3. 指出下面的变量哪一个属于数值变量（　　）。

A. 年龄

B. 性别

C. 企业类型

D. 员工对企业某项改革措施的态度（赞成、中立、反对）

4. 某研究部门准备在全市 200 万个家庭中抽取 2 000 个家庭，推断该城市所有职工家庭的年人均收入。这项研究的总体是（　　）。

A. 2 000 个家庭　　B. 200 万个家庭

C. 2 000 个家庭的人均收入　　D. 200 万个家庭的总收入

5. 某研究部门准备在全市 200 万个家庭中抽取 2 000 个家庭，推断该城市所有职工家庭的年人均收入。这项研究的样本是（　　）。

A. 2 000 个家庭　　B. 200 万个家庭

C. 2 000 个家庭的总收入　　D. 200 万个家庭的人均收入

6. 某研究部门准备在全市 200 万个家庭中抽取 2 000 个家庭，推断该城市所有职工家庭的年人均收入。这项研究的参数是（　　）。

A. 2 000 个家庭　　B. 200 万个家庭

C. 2 000 个家庭的人均收入　　D. 200 万个家庭的人均收入

7. 某研究部门准备在全市 200 万个家庭中抽取 2 000 个家庭，推断该城市所有职工家庭的年人均收入。这项研究的统计量是（　　）。

A. 2 000 个家庭　　B. 200 万个家庭

C. 2 000 个家庭的人均收入　　D. 200 万个家庭的人均收入

8. 一家研究机构从 IT 从业者中随机抽取 500 人作为样本进行调查，其中 60%回答他们的月收入在 5 000 元以上，50%回答他们的消费支付方式是用信用卡。这里的总体是（　　）。

A. IT 业的全部从业者　　B. 500 个 IT 从业者

C. IT 从业者的总收入　　D. IT 从业者的消费支付方式

9. 一家研究机构从 IT 从业者中随机抽取 500 人作为样本进行调查，其中 60%回答他们的月收入在 5 000 元以上，50%回答他们的消费支付方式是用信用卡。这里的“月收入”是（　　）。

A. 无序分类变量　　　　B. 有序分类变量
C. 数值变量　　　　D. 离散变量

10. 一名统计学专业的学生为了完成其统计作业，在《统计年鉴》中找到了2020年城镇家庭的人均收入数据。这一数据属于（　　）。

A. 无序分类数据　　　　B. 有序分类数据
C. 截面数据　　　　D. 时间序列数据

11. 下列不属于描述统计问题的是（　　）。

A. 根据样本信息对总体进行的推断
B. 了解数据分布的特征
C. 分析感兴趣的总体特征
D. 利用图、表或其他数据汇总工具分析数据

12. 某大学的一位研究人员希望估计该大学本科生平均每月的生活费支出，为此，他调查了200名学生，发现他们每月平均生活费支出是500元。该研究人员感兴趣的总体是（　　）。

A. 该大学的所有学生　　　　B. 该校所有大学生的总生活费支出
C. 该大学所有的在校本科生　　　　D. 所调查的200名学生

13. 某大学的一位研究人员希望估计该大学本科生平均每月的生活费支出，为此，他调查了200名学生，发现他们每月平均生活费支出是500元。该研究人员感兴趣的参数是（　　）。

A. 该大学的所有学生人数
B. 该大学所有本科生的月平均生活费支出
C. 该大学所有本科生的月生活费支出
D. 所调查的200名学生的月平均生活费支出

14. 某大学的一位研究人员希望估计该大学本科生平均每月的生活费支出，为此，他调查了200名学生，发现他们每月平均生活费支出是500元。该研究人员感兴趣的统计量是（　　）。

A. 该大学的所有学生人数
B. 该大学所有本科生的月平均生活费支出
C. 该大学所有本科生的月生活费支出
D. 所调查的200名学生的月平均生活费支出

15. 在下列叙述中，采用推断统计方法的是（　　）。

A. 用饼图描述某企业职工的学历构成
B. 从一个果园中采摘36个橘子，利用这36个橘子的平均重量估计果园中橘子的平均重量
C. 一个城市在1月份的平均汽油价格
D. 反映大学生统计学成绩的条形图

16. 一项民意调查的目的是想确定年轻人愿意与其父母讨论的话题。调查结果表明：45%的年轻人愿意与其父母讨论家庭财务状况，38%的年轻人愿意与其父母讨论有关教育的话题，15%的年轻人愿意与其父母讨论爱情问题。该调查所收集的数据是（　　）。

A. 无序分类数据　　B. 有序分类数据
C. 数值数据　　D. 实验数据

17. 根据样本计算的用于推断总体特征的概括性度量值称作（　　）。

A. 参数　　B. 总体
C. 样本　　D. 统计量

18. 为了估计某城市中拥有汽车的家庭比例，抽取 500 个家庭的一个样本，得到拥有汽车的家庭比例为 80%，这里的 80%是（　　）。

A. 参数值　　B. 统计量的值
C. 样本量　　D. 变量

19. 到商场购物停车变得越来越困难，管理人员希望掌握顾客找到停车位的平均时间。为此，某个管理人员跟踪了 50 名顾客并记录下他们找到车位的时间。这里管理人员感兴趣的总体是（　　）。

A. 管理人员跟踪过的 50 名顾客　　B. 上午在商场停车的顾客
C. 在商场停车的所有顾客　　D. 到商场购物的所有顾客

20. 某手机厂商认为，如果流水线上组装的手机出现故障的比例每天不超过 1%，则组装过程是令人满意的。为了检验某天生产的手机质量，厂商从当天生产的手机中随机抽取了 30 部进行检测。手机厂商感兴趣的总体是（　　）。

A. 当天生产的全部手机　　B. 抽取的 30 部手机
C. 1%有故障的手机　　D. 30 部手机的检测结果

21. 最近发表的一份报告称，“由 150 部新车组成的一个样本表明，外国新车的价格明显高于本国生产的新车”。这一结论属于（　　）。

A. 对样本的描述　　B. 对样本的推断
C. 对总体的描述　　D. 对总体的推断

22. 只能归于某一类别的非数字型数据称为（　　）。

A. 分类数据　　B. 离散数据
C. 数值数据　　D. 数值变量

23. 只能归于某一有序类别的非数字型数据称为（　　）。

A. 无序分类数据　　B. 有序分类数据
C. 数值数据　　D. 数值变量

24. 按数字尺度测量的观察值称为（　　）。

A. 无序分类数据　　B. 有序分类数据
C. 数值数据　　D. 数值变量

25. 通过调查或观测而收集到的数据称为（　　）。

A. 观测数据　　B. 实验数据
C. 时间序列数据　　D. 截面数据

26. 在相同或近似相同的时间点上收集的数据称为（　　）。
A. 观测数据　　B. 实验数据
C. 时间序列数据　　D. 截面数据

27. 在不同时间点上收集的数据称为（　　）。
A. 观测数据　　B. 实验数据
C. 时间序列数据　　D. 截面数据

28. 研究者想要了解的总体的某种特征值称为（　　）。
A. 参数　　B. 统计量
C. 变量　　D. 变量值

29. 用来描述样本特征的概括性数字度量称为（　　）。
A. 参数　　B. 统计量
C. 变量　　D. 变量值

三、选择题答案

1. D	2. D	3. A	4. B	5. A	6. D
7. C	8. A	9. C	10. C	11. A	12. C
13. B	14. D	15. B	16. A	17. D	18. B
19. C	20. A	21. D	22. A	23. B	24. C
25. A	26. D	27. C	28. A	29. B	

四、教材练习题详细解答

1.1　（1）数值变量。

（2）无序分类变量。

（3）数值变量。

（4）有序分类变量。

（5）无序分类变量。

1.2　（1）总体是“该城市所有的职工家庭”，样本是“抽取的2 000个职工家庭”。

（2）参数是“城市所有职工家庭的年人均收入”，统计量是“抽取的2 000个职工家庭计算出的年人均收入”。

1.3　（1）总体是“所有IT从业者”。

（2）数值变量。

（3）分类变量。

（4）截面数据。

1.4　（1）总体是“所有的网上购物者”。

（2）分类变量。

（3）参数是“所有的网上购物者的月平均花费”。

（4）统计量。

（5）推断统计方法。

第2章 数据的搜集

一、学习指导

应用统计方法分析问题离不开数据。如何取得比较可靠的统计数据是统计需要研究的问题之一。本章首先介绍统计数据的来源，然后介绍取得统计数据的具体调查方式和方法，最后介绍统计数据的误差问题。本章各节的主要内容和学习要点总结在下面的表格中。

章节	主要内容	学习要点
2.1 数据的来源	数据的间接来源	▶ 统计数据的间接来源。 ▶ 二手数据的特点。 ▶ 二手资料的评估。
	数据的直接来源	▶ 调查数据和实验数据。
2.2 调查方法	概率抽样和非概率抽样	▶ 概念：概率抽样，非概率抽样，抽样框，简单随机抽样，分层抽样，整群抽样，系统抽样，多阶段抽样，方便抽样，判断抽样，自愿样本，滚雪球抽样，配额抽样。 ▶ 不同概率抽样方法的特点。 ▶ 概率抽样与非概率抽样的比较。
	搜集数据的基本方法	▶ 概念：自填式，面访式，电话式。 ▶ 不同方法的特点。 ▶ 数据搜集方法的选择。
2.3 实验方法	实验组和对照组	▶ 实验组和对照组的选择。
	实验中的若干问题	▶ 实验中的若干问题。
	实验中的统计	▶ 实验与统计。
2.4 数据的误差	抽样误差	▶ 概念：抽样误差。
	非抽样误差	▶ 概念：非抽样误差，抽样框误差，回答误差，无回答误差，调查员误差，测量误差。
	误差的控制	▶ 误差的控制方法。

二、选择题

1. 二手数据的特点是（　　）。

A. 采集数据的成本低，但搜集比较困难

B. 采集数据的成本低，搜集比较容易

C. 数据缺乏可靠性

D. 不适合自己研究的需要

2. 从含有 N 个元素的总体中，抽取 n 个元素作为样本，使得总体中的每一个元素都有相同的机会（概率）被抽中，这样的抽样方式称为（　　）。

A. 简单随机抽样　　B. 分层抽样

C. 系统抽样　　D. 整群抽样

3. 从总体中抽取一个元素后，把这个元素放回到总体中再抽取第二个元素，直至抽取 n 个元素为止，这样的抽样方法称为（　　）。

A. 重复抽样　　B. 不重复抽样

C. 分层抽样　　D. 整群抽样

4. 一个元素被抽中后不再放回总体，然后再从剩下的元素中抽取第二个元素，直到抽取 n 个元素为止，这样的抽样方法称为（　　）。

A. 重复抽样　　B. 不重复抽样

C. 分层抽样　　D. 整群抽样

5. 在抽样之前先将总体的元素划分为若干类，然后从各个类中抽取一定数量的元素组成一个样本，这样的抽样方式称为（　　）。

A. 简单随机抽样　　B. 分层抽样

C. 系统抽样　　D. 整群抽样

6. 先将总体各元素按某种顺序排列，并按某种规则确定一个随机起点，然后每隔一定的间隔抽取一个元素，直至抽取 n 个元素形成一个样本。这样的抽样方式称为（　　）。

A. 简单随机抽样　　B. 分层抽样

C. 系统抽样　　D. 整群抽样

7. 先将总体划分成若干群，然后以群作为抽样单位从中抽取部分群，再对抽中的各个群中所包含的所有元素进行观察，这样的抽样方式称为（　　）。

A. 简单随机抽样　　B. 分层抽样

C. 系统抽样　　D. 整群抽样

8. 为了调查某校学生的购书费用支出，从男生中抽取 60 名学生调查，从女生中抽取 40 名学生调查，这种调查方法是（　　）。

A. 简单随机抽样　　B. 整群抽样

C. 系统抽样　　　　D. 分层抽样

9. 为了调查某校学生的购书费用支出，从全校抽取 4 个班级的学生进行调查，这种调查方法是（　　）。

A. 简单随机抽样　　　　B. 系统抽样

C. 分层抽样　　　　D. 整群抽样

10. 为了调查某校学生的购书费用支出，将全校学生的名单按拼音顺序排列后，每隔 50 名学生抽取一名学生进行调查，这种调查方法是（　　）。

A. 简单随机抽样　　　　B. 整群抽样

C. 系统抽样　　　　D. 分层抽样

11. 为了解女性对某品牌化妆品的购买意愿，调查者在街头随意拦截部分女性进行调查。这种调查方式是（　　）。

A. 简单随机抽样　　　　B. 分层抽样

C. 方便抽样　　　　D. 自愿抽样

12. 研究人员根据对研究对象的了解有目的地选择一些单位作为样本，这种调查方式是（　　）。

A. 判断抽样　　　　B. 分层抽样

C. 方便抽样　　　　D. 自愿抽样

13. 下面的哪种调查方式样本不是随机选取的（　　）。

A. 分层抽样　　　　B. 系统抽样

C. 整群抽样　　　　D. 判断抽样

14. 下面的哪种抽样调查的结果不能用于对总体有关参数进行估计（　　）。

A. 分层抽样　　　　B. 系统抽样

C. 整群抽样　　　　D. 判断抽样

15. 调查时首先选择一组调查单位，对其实施调查之后，再请他们提供另外一些属于研究总体的调查对象，调查人员根据所提供的线索进行此后的调查。这样的调查方式称为（　　）。

A. 系统抽样　　　　B. 整群抽样

C. 滚雪球抽样　　　　D. 判断抽样

16. 如果要搜集某一特定群体的有关资料，适宜采用的调查方式是（　　）。

A. 系统抽样　　　　B. 整群抽样

C. 滚雪球抽样　　　　D. 判断抽样

17. 下面的哪种抽样方式不属于概率抽样（　　）。

A. 系统抽样　　　　B. 整群抽样

C. 分层抽样　　　　D. 滚雪球抽样

18. 下面的哪种抽样方式属于非概率抽样（　　）。

A. 系统抽样　　　　B. 整群抽样

C. 分层抽样　　D. 滚雪球抽样

19. 先将总体中的所有单位按一定的标志（变量）分为若干类，然后在每个类中采用方便抽样或判断抽样的方式选取样本单位。这种抽样方式称为（　　）。

A. 分类抽样　　B. 配额抽样

C. 系统抽样　　D. 整群抽样

20. 与概率抽样相比，非概率抽样的缺点是（　　）。

A. 样本统计量的分布是确定的

B. 无法使用样本的结果对总体相应的参数进行推断

C. 调查的成本比较高

D. 不适合探索性的研究

21. 一家公司的人力资源部主管需要研究公司雇员的饮食习惯，改善公司餐厅的现状。他将问卷发给就餐者，填写后再收上来。他的搜集数据的方法属于（　　）。

A. 自填式问卷调查　　B. 面访式问卷调查

C. 实验调查　　D. 观察式调查

22. 为了估计某城市愿意乘坐公交车上下班的人数的比例，在搜集数据时，最有可能采用的数据搜集方法是（　　）。

A. 普查　　B. 公开发表的资料

C. 随机抽样　　D. 实验

23. 某机构十分关心小学生每周看电视的时间。该机构随机抽取 300 名小学生家长对他们的孩子每周看电视的时间进行了估计。结果表明，这些小学生每周看电视的平均时间为 15 小时，标准差为 5 小时。该机构搜集数据的方式是（　　）。

A. 概率抽样调查　　B. 观察式调查

C. 实验调查　　D. 公开发表的资料

24. 如果一个样本因人故意操纵而出现偏差，这种误差属于（　　）。

A. 抽样误差　　B. 非抽样误差

C. 设计误差　　D. 实验误差

25. 为了解居民对小区物业服务的意见和看法，管理人员随机抽取了 50 户居民，上门通过问卷进行调查。这种数据搜集方法称为（　　）。

A. 面访式问卷调查　　B. 实验调查

C. 观察式调查　　D. 自填式问卷调查

26. 指出下面的陈述中哪一个是错误的（　　）。

A. 抽样误差只存在于概率抽样中

B. 非抽样误差只存在于非概率抽样中

C. 无论是概率抽样还是非概率抽样都存在非抽样误差

D. 在全面调查中也存在非抽样误差

27. 指出下面的误差哪一个属于抽样误差（　　）。

A. 随机误差　　B. 抽样框误差
C. 回答误差　　D. 无回答误差

28. 某居民小区为了解住户对物业服务的看法，准备采取抽样调查方式搜集数据。物业管理部门利用最初的居民户登记名单进行抽样。但现在的小区中，原有的一些居民户已经搬走，同时有些是新入住的居民户。这种调查产生的误差属于（　　）。

A. 随机误差　　B. 抽样框误差
C. 回答误差　　D. 无回答误差

29. 某居民小区为了解住户对物业服务的看法，准备采取抽样调查方式搜集数据。物业管理部门利用居民户登记名单进行抽样。但现在的小区中，原有的一些居民户已经搬走而没有回答问题。这种调查产生的误差属于（　　）。

A. 随机误差　　B. 抽样框误差
C. 回答误差　　D. 无回答误差

30. 某居民小区的物业管理者怀疑有些居民户有偷电行为。为了解住户的每月用电情况，采取抽样调查方式对部分居民户进行调查。发现有些居民户有虚报或瞒报情况。这种调查产生的误差属于（　　）。

A. 有意识误差　　B. 抽样框误差
C. 回答误差　　D. 无回答误差

31. 某居民小区的物业管理者怀疑有些居民户有偷电行为。为了解住户的每月用电情况，采取抽样调查方式对部分居民户进行调查。发现调查员在登记电表数时有抄错的数据。这种调查产生的误差属于（　　）。

A. 有意识误差　　B. 抽样框误差
C. 调查员误差　　D. 无回答误差

32. 指出下面的陈述哪一个是错误的（　　）。

A. 抽样误差是可以避免的　　B. 非抽样误差是可以避免的
C. 抽样误差是不可避免的　　D. 抽样误差是可以控制的

三、选择题答案

1. B	2. A	3. A	4. B	5. B	6. C
7. D	8. D	9. D	10. C	11. C	12. A
13. D	14. D	15. C	16. C	17. D	18. D
19. B	20. B	21. A	22. C	23. A	24. B
25. A	26. B	27. A	28. B	29. D	30. A
31. C	32. A				

第3章 数据的图表展示

一、学习指导

数据的图表展示是应用统计的基本技能。本章首先介绍数据的预处理方法，然后介绍不同类型数据的整理与图示方法，最后介绍图表的合理使用问题。本章各节的主要内容和学习要点总结在下面的表格中。

章节	主要内容	学习要点
3.1 数据的预处理	数据审核	▶ 数据审核的目的。 ▶ 原始数据和二手数据的审核。
	数据筛选	▶ 数据筛选的目的。 ▶ 用 Excel 进行数据筛选。
	数据排序	▶ 数据排序的目的。 ▶ 分类数据和数值数据的排序方法。 ▶ 用 Excel 进行数据排序。
3.2 分类数据的整理与展示	分类数据的整理	▶ 概念：频数，频数分布，比例，百分比，比率。 ▶ 用 Excel 和 SPSS 制作分类数据的频数分布表。
	分类数据的图示	▶ 分类数据的图示：条形图，帕累托图，饼图，环形图。 ▶ 用 Excel 作图。
3.3 数值数据的整理与展示	数据分组	▶ 概念：数据分组，组距，组中值，累积频数，累积频率。 ▶ 频数分布表的制作步骤。 ▶ 用 Excel 制作频数分布表。
	数值数据的图示	▶ 直方图的绘制。 ▶ 箱形图的绘制。 ▶ 直方图与条形图的区别。 ▶ 散点图的绘制。 ▶ 雷达图的绘制。 ▶ 用 Excel 作图。

续表

章节	主要内容	学习要点
3.4　合理使用图表	使用图表的注意事项	▶ 图表修饰。 ▶ 图表比例。 ▶ 图表标题。

二、选择题

1. 落在某一特定类别或组中的数据个数称为（　　）。
   A. 频数　　B. 频率
   C. 频数分布表　　D. 累积频数
2. 下面的哪一个图形最适合描述结构性问题（　　）。
   A. 条形图　　B. 饼图
   C. 雷达图　　D. 直方图
3. 下面的哪一个图形适用于比较研究两个或多个样本或总体的结构性问题（　　）。
   A. 环形图　　B. 饼图
   C. 直方图　　D. 散点图
4. 组中值是（　　）。
   A. 一个组的上限与下限之差
   B. 一个组的上限与下限之间的中点值
   C. 一个组的最小值
   D. 一个组的最大值
5. 下面的图形中最适合描述一组数据分布的是（　　）。
   A. 条形图　　B. 散点图　　C. 直方图　　D. 饼图
6. 为描述身高与体重之间是否有某种关系，适合采用的图形是（　　）。
   A. 条形图　　B. 对比条形图　　C. 散点图　　D. 箱形图
7. 为了研究多个不同变量在不同样本间的相似性，适合采用的图形是（　　）。
   A. 环形图　　B. 直方图　　C. 雷达图　　D. 箱形图
8. 下面的哪个图形不适合描述分类数据（　　）。
   A. 条形图　　B. 饼图　　C. 帕累托图　　D. 散点图

9. 将某企业职工的月收入依次分为 10 000 元以下、10 000～15 000 元、15 000～20 000 元、25 000～30 000 元、30 000 元以上几个组。第一组的组中值近似为（　　）。
   A. 5 000　　B. 5 500　　C. 7 500　　D. 10 000

10. 将某企业职工的月收入依次分为 10 000 元以下、10 000～15 000 元、15 000～20 000 元、25 000～30 000 元、30 000 元以上几个组。最后一组的组中值近似为（　　）。

A. 30 000　　B. 30 000　　C. 32 500　　D. 62 500

11. 直方图与条形图的区别之一是（　　）。

A. 条形图的各矩形通常是连续排列的，而直方图则是分开排列的

B. 直方图主要用于描述各类别数据的多少，条形图则主要用于描述数据的分布

C. 直方图主要用于描述分类数据，条形图则主要用于描述数值数据

D. 直方图的各矩形通常是连续排列的，而条形图则是分开排列的

三、选择题答案

1. A　2. B　3. A　4. B　5. C　6. C
7. C　8. D　9. C　10. C　11. D

四、教材练习题详细解答

3.1　(1) 频数分布表如下：

服务质量等级评价的频数分布

服务质量等级	家庭数（频数）	频率（%）
A	14	14
B	21	21
C	32	32
D	18	18
E	15	15
合计	100	100

(2) 评价等级的条形图如下：

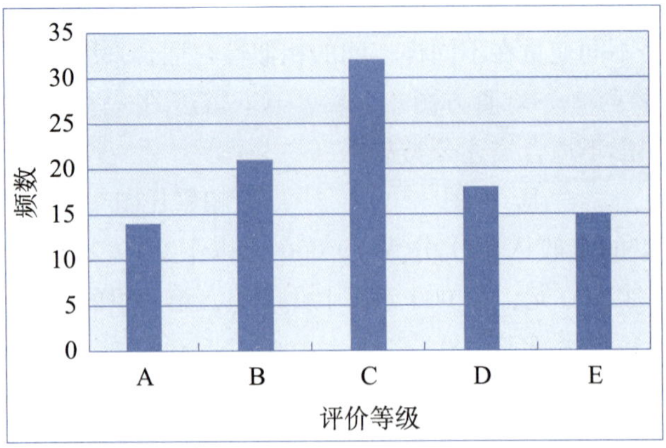

(3) 评价等级的帕累托图如下：

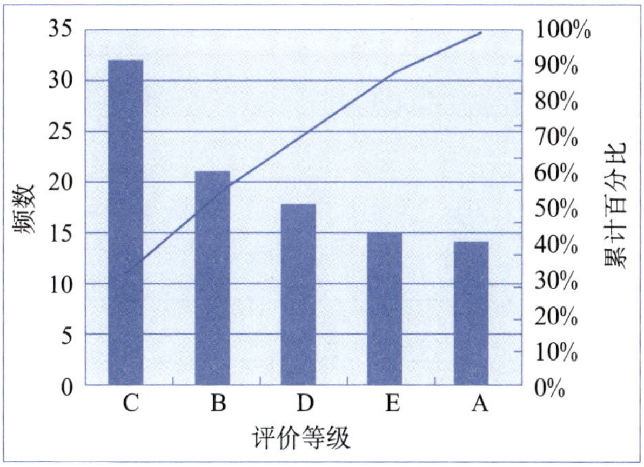

3.2　(1) 频数分布表如下：

100 只灯泡使用寿命的频数分布

按使用寿命分组（小时）	灯泡个数（只）	频率（%）
650～660	2	2
660～670	5	5
670～680	6	6
680～690	14	14
690～700	26	26
700～710	18	18
710～720	13	13
720～730	10	10
730～740	3	3
740～750	3	3
合计	100	100

(2) 灯泡使用寿命分布的直方图如下：

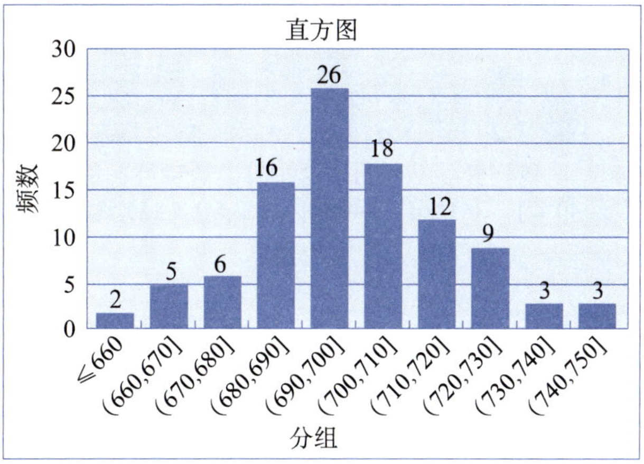

从灯泡使用寿命分布的直方图可以看出，灯泡使用寿命基本上是对称分布的。

3.3　（1）食品重量的频数分布表如下：

按重量分组	频率（包）
40～42	2
42～44	3
44～46	7
46～48	16
48～50	17
50～52	10
52～54	20
54～56	8
56～58	10
58～60	4
60～62	3
合计	100

（2）食品重量的频数分布的直方图如下：

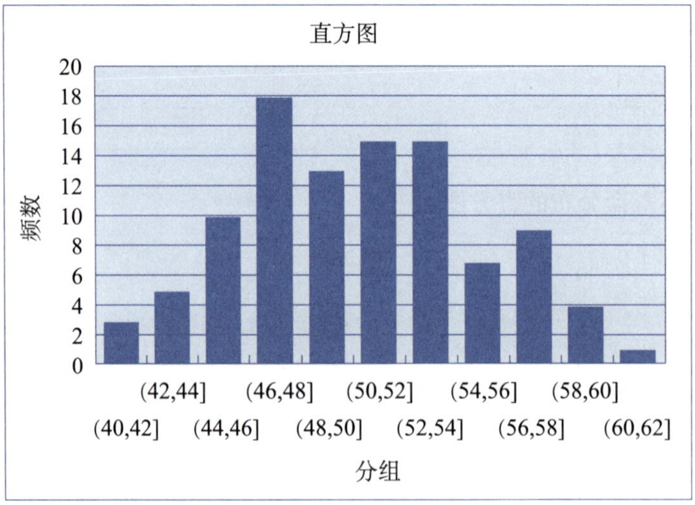

（3）从直方图可以看出，食品重量的分布基本上是对称分布。

3.4　散点图如下：

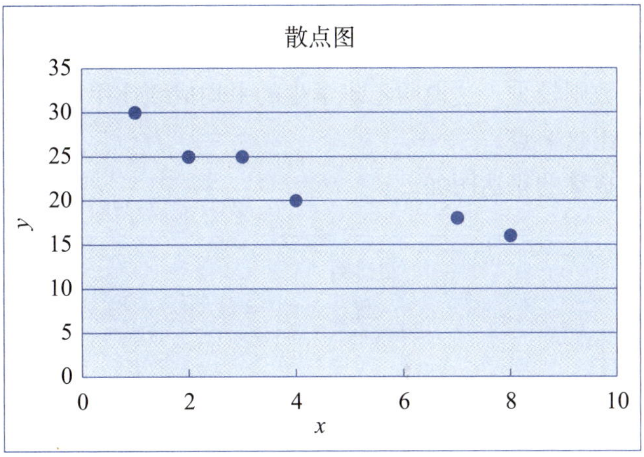

散点图显示，两个变量之间为负的线性相关。

3.5　（1）对比条形图如下：

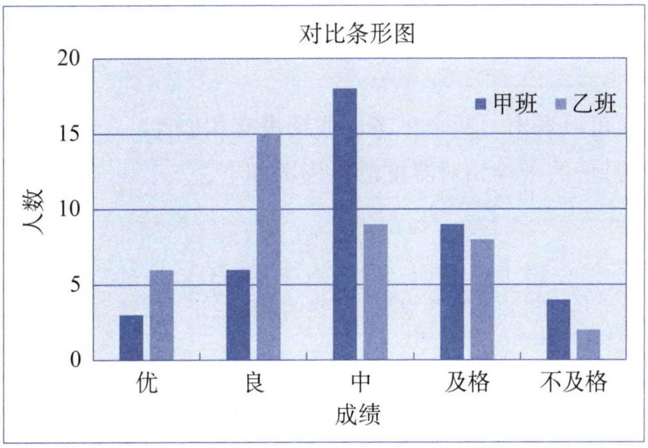

环形图如下（内环为甲班的成绩）：

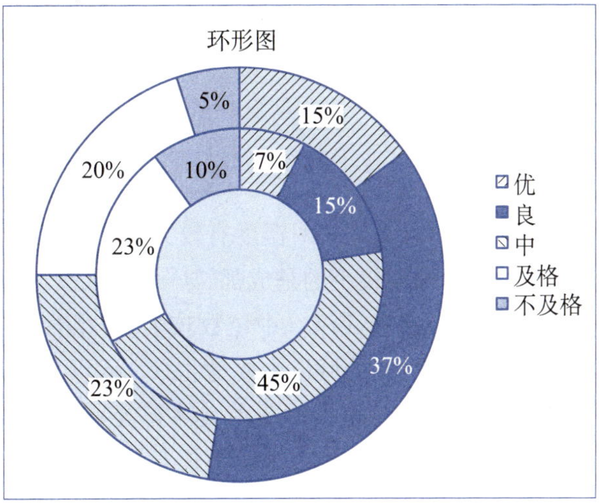

（2）从对比条形图可以看出，甲班考试成绩在中等水平的人数较多，而优秀和良好的人数则较少，不及格的人数也比乙班要多。乙班则不同，考试成绩为优秀和良好的人数较多，而中等以下的人数则较少。这说明乙班学生的平均成绩比甲班要好。从环形图的百分比中也可以清楚地看出这一点。

（3）两个班考试成绩的雷达图如下：

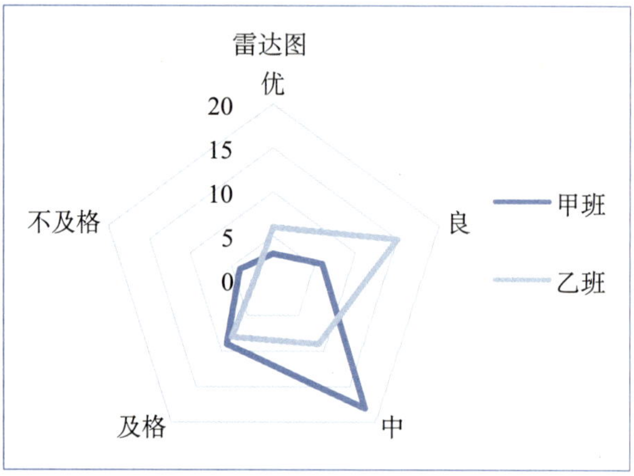

从雷达图的形状可以看出，两个班考试成绩没有相似性。

3.6　各城市各月份的平均相对湿度的箱形图如下：

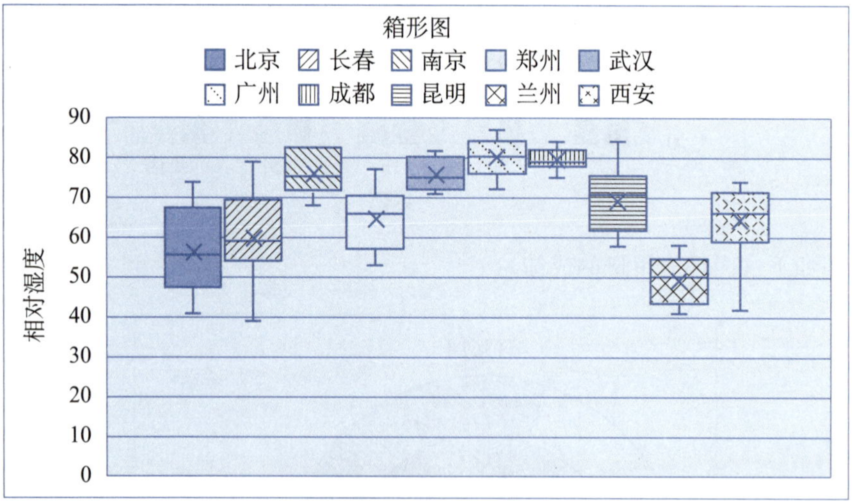

从箱形图可以看出，各城市的月平均相对湿度有较大差异。离散程度较大的城市主要是北京和长春（箱子较大）；离散程度较小的是成都、广州和武汉（箱子较小）；相对湿度最大的城市主要有成都、广州、南京和武汉（中位数较大）；相对湿度最小的城市是兰州（中位数较小）；相对湿度分布比较对称的城市主要是北京、武汉、广州和兰州等（中位数大体上在箱子中间，最大值和最小值与箱子的距离大体相等）；相对湿度不对称的城市主要有南京、郑州等。相对湿度存在极值的城市主要是长春和西安。

第 4 章 数据的概括性度量

一、学习指导

数据分布的特征可以从三个方面进行描述：一是分布的集中趋势，反映各数据向其中心值靠拢或聚集的程度；二是分布的离散程度，反映各数据远离其中心值的趋势；三是分布的形状，反映数据分布偏斜程度和峰度。本章将介绍数据概括性测度值的计算方法、特点及其应用场合。本章各节的主要内容和学习要点总结在下面的表格中。

章节	主要内容	学习要点
4.1 集中趋势的度量	平均数	▶ 概念：平均数，简单平均数，加权平均数。 ▶ 简单平均数和加权平均数的计算。 ▶ 用 Excel 中的统计函数计算平均数。
	中位数和四分位数	▶ 概念：中位数，四分位数。 ▶ 中位数和四分位数的特点。 ▶ 中位数和四分位数的计算。 ▶ 用 Excel 计算中位数和四分位数。
	众数	▶ 概念：众数。 ▶ 众数的特点。 ▶ 用 Excel 计算众数。
	几何平均数	▶ 几何平均数的应用场合。 ▶ 几何平均数的计算。
	众数、中位数和平均数的比较	▶ 众数、中位数和平均数在分布上的关系。 ▶ 众数、中位数和平均数的特点及应用场合。
4.2 离散程度的度量	全距和四分位距	▶ 概念：全距，四分位距。 ▶ 全距和四分位距的计算。 ▶ 用 Excel 计算全距和四分位数。

续表

章节	主要内容	学习要点
4.2 离散程度的度量	方差和标准差	▶ 概念：方差，标准差。 ▶ 样本方差和标准差的计算。 ▶ 用 Excel 计算方差和标准差。
	离散系数	▶ 概念：离散系数。 ▶ 离散系数的计算。 ▶ 离散系数的用途。
	标准分数	▶ 概念：标准分数。 ▶ 标准分数的性质。 ▶ 标准分数的计算和应用。 ▶ 经验法则。 ▶ 切比雪夫不等式。
4.3 分布形状的度量	偏度系数	▶ 概念：偏度系数。 ▶ 偏度系数的计算。 ▶ 用 Excel 计算偏度系数。 ▶ 偏度系数数值的意义。
	峰度系数	▶ 概念：峰度系数。 ▶ 峰度系数的计算。 ▶ 用 Excel 计算偏度系数。 ▶ 峰度系数数值的意义。

二、主要公式

名称	公式
简单样本平均数	$\bar{x}=\dfrac{\sum_{i=1}^{n}x_i}{n}$
加权样本平均数	$\bar{x}=\dfrac{\sum_{i=1}^{k}m_i f_i}{n}$
中位数	$M_e=\begin{cases}x_{\left(\frac{n+1}{2}\right)}, & n\text{ 为奇数}\\ \dfrac{1}{2}\left\{x\left(\frac{n}{2}\right)+x\left(\frac{n}{2}+1\right)\right\}, & n\text{ 为偶数}\end{cases}$
四分位数位置	$Q_{25\%}$ 位置 $=\dfrac{n+1}{4}$，$Q_{75\%}$ 位置 $=\dfrac{3(n+1)}{4}$
几何平均数	$G=\sqrt[n]{x_1\times x_2\times\cdots\times x_n}=\sqrt[n]{\prod_{i=1}^{n}x_i}$

续表

名称	公式
全距	$R=\max(x)-\min(x)$
四分位距	$IQR=Q_{75\%}-Q_{25\%}$
简单样本方差	$s^2=\dfrac{\sum_{i=1}^{n}(x_i-\bar{x})^2}{n-1}$
简单样本标准差	$s=\sqrt{\dfrac{\sum_{i=1}^{n}(x_i-\bar{x})^2}{n-1}}$
加权样本方差	$s^2=\dfrac{\sum_{i=1}^{k}(m_i-\bar{x})^2f_i}{n-1}$
加权样本标准差	$s=\sqrt{\dfrac{\sum_{i=1}^{k}(m_i-\bar{x})^2f_i}{n-1}}$
离散系数	$CV=\dfrac{s}{\bar{x}}$
标准分数	$z_i=\dfrac{x_i-\bar{x}}{s}$
偏度系数	$SK=\dfrac{n}{(n-1)(n-2)}\sum\left(\dfrac{x_i-\bar{x}}{s}\right)^3$
峰度系数	$K=\dfrac{n(n+1)}{(n-1)(n-2)(n-3)}\sum\left(\dfrac{x_i-\bar{x}}{s}\right)^4-\dfrac{3(n-1)^2}{(n-2)(n-3)}$

三、选择题

1. 一组数据中出现频数最多的变量值称为（　　）。

   A. 众数　　B. 中位数　　C. 四分位数　　D. 平均数

2. 一组数据排序后处于中间位置上的变量值称为（　　）。

   A. 众数　　B. 中位数　　C. 四分位数　　D. 平均数

3. 一组数据排序后处于 25%和 75%位置上的值称为（　　）。

   A. 众数　　B. 中位数　　C. 四分位数　　D. 平均数

4. 一组数据的最大值与最小值之差称为（　　）。

   A. 平均差　　B. 标准差　　C. 全距　　D. 四分位距

5. 各变量值与其平均数离差平方的平均数称为（　　）。

A. 全距　B. 平均差　C. 方差　D. 标准差

6. 变量值与其平均数的离差除以标准差后的值称为（　　）。

A. 标准分数　B. 离散系数　C. 方差　D. 标准差

7. 如果一个数据的标准分数是−2，表明该数据（　　）。

A. 比平均数高出2个标准差　B. 比平均数低2个标准差

C. 等于2倍的平均数　D. 等于2倍的标准差

8. 如果一个数据的标准分数是3，表明该数据（　　）。

A. 比平均数高出3个标准差　B. 比平均数低3个标准差

C. 等于3倍的平均数　D. 等于3倍的标准差

9. 经验法则表明，当一组数据对称分布时，在平均数加减1个标准差的范围之内大约有（　　）。

A. 68%的数据　B. 95%的数据　C. 99%的数据　D. 100%的数据

10. 经验法则表明，当一组数据对称分布时，在平均数加减2个标准差的范围之内大约有（　　）。

A. 68%的数据　B. 95%的数据　C. 99%的数据　D. 100%的数据

11. 经验法则表明，当一组数据对称分布时，在平均数加减3个标准差的范围之内大约有（　　）。

A. 68%的数据　B. 95%的数据　C. 99%的数据　D. 100%的数据

12. 如果一组数据不是对称分布的，根据切比雪夫不等式，对于$k=2$，其意义是（　　）。

A. 至少有75%的数据落在平均数加减2个标准差的范围之内

B. 至少有89%的数据落在平均数加减2个标准差的范围之内

C. 至少有94%的数据落在平均数加减2个标准差的范围之内

D. 至少有99%的数据落在平均数加减2个标准差的范围之内

13. 如果一组数据不是对称分布的，根据切比雪夫不等式，对于$k=3$，其意义是（　　）。

A. 至少有75%的数据落在平均数加减3个标准差的范围之内

B. 至少有89%的数据落在平均数加减3个标准差的范围之内

C. 至少有94%的数据落在平均数加减3个标准差的范围之内

D. 至少有99%的数据落在平均数加减3个标准差的范围之内

14. 如果一组数据不是对称分布的，根据切比雪夫不等式，对于$k=4$，其意义是（　　）。

A. 至少有75%的数据落在平均数加减4个标准差的范围之内

B. 至少有89%的数据落在平均数加减4个标准差的范围之内

C. 至少有94%的数据落在平均数加减4个标准差的范围之内

D. 至少有99%的数据落在平均数加减4个标准差的范围之内

15. 离散系数的主要用途是（　　）。

A. 反映一组数据的离散程度　　B. 反映一组数据的平均水平
C. 比较多组数据的离散程度　　D. 比较多组数据的平均水平

16. 比较两组数据的离散程度最适合的统计量是（　　）。
A. 全距　　B. 平均差　　C. 标准差　　D. 离散系数

17. 偏度系数测度了数据分布的非对称性程度。如果一组数据的分布是对称的，则偏度系数（　　）。
A. 等于 0　　B. 等于 1　　C. 大于 0　　D. 大于 1

18. 如果一组数据分布的偏度系数在 0.5～1 或 −1～−0.5 之间，则表明该组数据属于（　　）。
A. 对称分布　　B. 中等偏态分布　　C. 高度偏态分布　　D. 轻微偏态分布

19. 峰态通常是与标准正态分布相比较而言的。如果一组数据服从标准正态分布，则峰度系数的值（　　）。
A. 等于 0　　B. 大于 0　　C. 小于 0　　D. 等于 1

20. 如果峰度系数 $K>0$，表明该组数据是（　　）。
A. 尖峰分布　　B. 扁平分布　　C. 左偏分布　　D. 右偏分布

21. 某大学经济管理学院有 1 200 名学生，法学院有 800 名学生，医学院有 320 名学生，理学院有 200 名学生。在上面的描述中，众数是（　　）。
A. 1 200　　B. 经济管理学院　　C. 200　　D. 理学院

22. 某班共有 25 名学生，期末统计学课程的考试分数分别为：68，73，66，76，86，74，61，89，65，90，69，67，76，62，81，63，68，81，70，73，60，87，75，64，56。该班考试分数的下四分位数和上四分位数分别是（　　）。
A. 64.5 和 78.5　　B. 67.5 和 71.5　　C. 64.5 和 71.5　　D. 64.5 和 67.5

23. 假定一个样本由 5 个数据组成：3，7，8，9，13。该样本的方差为（　　）。
A. 8　　B. 13　　C. 9.7　　D. 10.4

24. 对于右偏分布，平均数、中位数和众数之间的关系是（　　）。
A. 平均数>中位数>众数　　B. 中位数>平均数>众数
C. 众数>中位数>平均数　　D. 众数>平均数>中位数

25. 在某行业中随机抽取 10 家企业，第一季度的利润额（单位：万元）分别是：72，63.1，54.7，54.3，29，26.9，25，23.9，23，20。该组数据的中位数为（　　）。
A. 28.46　　B. 30.20　　C. 27.95　　D. 28.12

26. 在某行业中随机抽取 10 家企业，第一季度的利润额（单位：万元）分别是：72，63.1，54.7，54.3，29，26.9，25，23.9，23，20。该组数据的平均数为（　　）。
A. 28.46　　B. 30.20　　C. 27.95　　D. 39.19

27. 在某行业中随机抽取 10 家企业，第一季度的利润额（单位：万元）分别是：72，63.1，54.7，54.3，29，26.9，25，23.9，23，20。该组数据的标准差为（　　）。
A. 28.46　　B. 19.54　　C. 27.95　　D. 381.94

28. 某班学生的统计学平均成绩是 70 分，最高分是 96 分，最低分是 62 分。根据这些信息，可以计算的测度离散程度的统计量是（　　）。

A. 方差　　B. 全距　　C. 标准差　　D. 变异系数

29. 某班学生的平均成绩是 80 分，标准差是 10 分。如果已知该班学生的考试分数为对称分布，可以判断成绩在 60～100 分之间的学生大约占（　　）。

A. 95%　　B. 89%　　C. 68%　　D. 99%

30. 某班学生的平均成绩是 80 分，标准差是 10 分。如果已知该班学生的考试分数为对称分布，可以判断成绩在 70～90 分之间的学生大约占（　　）。

A. 95%　　B. 89%　　C. 68%　　D. 99%

31. 某班学生的平均成绩是 80 分，标准差是 5 分。如果已知该班学生的考试分数为非对称分布，可以判断成绩在 70～90 分之间的学生至少占（　　）。

A. 95%　　B. 89%　　C. 68%　　D. 75%

32. 在某公司进行的计算机水平测试中，新员工的平均得分是 80 分，标准差是 5 分。假设新员工得分的分布是未知的，则得分在 65～95 分的新员工至少占（　　）。

A. 75%　　B. 89%　　C. 94%　　D. 95

33. 在某公司进行的计算机水平测试中，新员工的平均得分是 80 分，标准差是 5 分，中位数是 86 分，则新员工得分的分布形状是（　　）。

A. 对称的　　B. 左偏的　　C. 右偏的　　D. 无法确定

34. 对某个高速路段行驶过的 120 辆汽车的车速进行测量后发现，平均车速是 85 公里/小时，标准差是 4 公里/小时，下列哪个车速可以看作是异常值（　　）。

A. 78 公里/小时　　B. 82 公里/小时　　C. 91 公里/小时　　D. 98 公里/小时

35. 下列叙述中正确的是（　　）。

A. 如果计算每个数据与平均数的离差，则这些离差的和总是等于零

B. 如果考试成绩的分布是对称的，平均数为 75，标准差为 12，则考试成绩在 63 分到 75 分之间的比例大约为 95%

C. 平均数和中位数相等

D. 中位数大于平均数

36. 一组样本数据为 3，3，1，5，13，12，11，9，7。这组数据的中位数是（　　）。

A. 3　　B. 13　　C. 7.1　　D. 7

37. 在离散程度的测度中，最容易受极端值影响的是（　　）。

A. 全距　　B. 四分位距　　C. 标准差　　D. 平均差

38. 测度数据离散程度的相对统计量是（　　）。

A. 全距　　B. 平均差　　C. 标准差　　D. 离散系数

39. 一组数据的离散系数为 0.4，平均数为 20，则标准差为（　　）。

A. 80　　B. 0.02　　C. 4　　D. 8

40. 在比较两组数据的离散程度时，之所以不能直接比较它们的标准差，是因为两组

数据的（　　）。

A. 标准差不同　　B. 方差不同　　C. 数据个数不同　　D. 计量单位不同

41. 两组数据的平均数不等，但标准差相等，则（　　）。

A. 平均数小的，离散程度大　　B. 平均数大的，离散程度大

C. 平均数小的，离散程度小　　D. 两组数据的离散程度相同

四、选择题答案

1. A	2. B	3. C	4. C	5. C	6. A
7. B	8. A	9. A	10. B	11. C	12. A
13. B	14. C	15. C	16. D	17. A	18. B
19. A	20. A	21. B	22. A	23. B	24. A
25. C	26. D	27. B	28. B	29. A	30. C
31. D	32. B	33. B	34. D	35. A	36. D
37. A	38. D	39. D	40. D	41. A	

五、教材练习题详细解答

4.1　(1) 众数：$M_o=10$

中位数：$中位数位置=\frac{n+1}{2}=\frac{10+1}{2}=5.5$，$M_e=\frac{10+10}{2}=10$

平均数：$\bar{x}=\frac{\sum_{i=1}^{n}x_i}{n}=\frac{2+4+\cdots+14+15}{10}=\frac{96}{10}=9.6$

(2) $Q_L位置=\frac{n+1}{4}=\frac{10+1}{4}=2.75$，$Q_L=\frac{4+0.75\times(7-4)}{2}=6.25$

$Q_U位置=\frac{3\times(n+1)}{4}=\frac{3\times(10+1)}{4}=8.25$，$Q_U=\frac{12+0.25\times(14-12)}{2}=12.5$

(3) $s=\sqrt{\frac{\sum_{i=1}^{n}(x_i-\bar{x})^2}{n-1}}=\sqrt{\frac{(2-9.6)^2+(4-9.6)^2+\cdots+(14-9.6)^2+(15-9.6)^2}{10-1}}$

$=\sqrt{\frac{156.4}{9}}=4.2$

(4) 由于平均数小于中位数和众数，所以汽车销售量为左偏分布。

4.2　(1) 从表中数据可以看出，年龄出现频数最多的是 19 和 23，所以有两个众数，即 $M_o=19$ 和 $M_o=23$。

将原始数据排序后，计算的中位数的位置为：中位数位置$=\frac{n+1}{2}=\frac{25+1}{2}=13$，第13个位置上的数值为23，所以中位数$M_e=23$。

（2）$Q_{25\%}$位置$=\frac{25+1}{4}=6.5$，$Q_{25\%}=19+0.5\times(19-19)=19$

$Q_{75\%}$位置$=\frac{3\times(25+1)}{4}=19.5$，$Q_{75\%}=27+0.5\times(29-27)=28$

（3）平均数 $\bar{x}=\frac{\sum_{i=1}^{n}x_i}{n}=\frac{19+15+\cdots+17+23}{25}=\frac{600}{25}=24$

$$s=\sqrt{\frac{\sum_{i=1}^{n}(x_i-\bar{x})^2}{n-1}}=\sqrt{\frac{(19-24)^2+(15-24)^2+\cdots+(17-24)^2+(23-24)^2}{25-1}}$$

$$=\sqrt{\frac{1\,062}{25-1}}=6.65$$

（4）偏度系数：$SK=\frac{25\sum(x_i-24)^3}{(25-1)(25-2)\times 6.65^3}=1.08$

峰度系数：$K=\frac{25\times(25+1)}{(25-1)(25-2)(25-3)}\sum\left(\frac{x_i-24}{6.65}\right)^4-\frac{3\times(25-1)^2}{(25-2)(25-3)}=0.77$

（5）分析：从众数、中位数和平均数来看，网民年龄在23～24岁的人数占多数。由于标准差较大，说明网民年龄之间有较大差异。从偏度系数来看，年龄分布为右偏，由于偏度系数大于1，所以偏斜程度很大。由于峰度系数为正值，所以为尖峰分布。

4.3　（1）$\bar{x}=\frac{\sum_{i=1}^{n}x_i}{n}=\frac{8\,223}{30}=274.1$

中位数位置 $=\frac{30+1}{2}=15.5$，$M_e=\frac{272+273}{2}=272.5$

（2）$Q_{25\%}$ 位置 $=\frac{30+1}{4}=7.75$，$Q_{25\%}=258+0.75\times(261-258)=260.25$

$Q_{75\%}$ 位置 $=\frac{3\times(30+1)}{4}=23.25$，$Q_{75\%}=291+0.25\times(291-291)=291.25$

（3）$s=\sqrt{\frac{\sum_{i=1}^{n}(x_i-\bar{x})^2}{n-1}}=\sqrt{\frac{13\,002.7}{30-1}}=21.17$

4.4　平均数计算过程见下表：

按利润额分组	组中值 M_i	企业数 f_i	$M_i f_i$
200～300	250	19	4 750
300～400	350	30	10 500

续表

按利润额分组	组中值 M_i	企业数 f_i	$M_i f_i$
400～500	450	42	18 900
500～600	550	18	9 900
600 以上	650	11	7 150
合计	—	120	51 200

$$\bar{x}=\frac{\sum_{i=1}^{n}M_i f_i}{n}=\frac{51\ 200}{120}=426.67$$

标准差计算过程见下表：

按利润额分组	组中值 M_i	企业数 f_i	$(M_i-\bar{x})^2$	$(M_i-\bar{x})^2 f_i$
200～300	250	19	31 212.3	593 033.5
300～400	350	30	5 878.3	176 348.7
400～500	450	42	544.3	22 860.1
500～600	550	18	15 210.3	273 785.2
600 以上	650	11	49 876.3	548 639.2
合计	—	120	102 721.5	1 614 666.7

$$s=\sqrt{\frac{\sum_{i=1}^{k}(M_i-\bar{x})^2 f_i}{n-1}}=\sqrt{\frac{1\ 614\ 666.7}{120-1}}=116.48$$

4.5　通过标准分数来判断，各天的标准分数如下表：

日期	周一	周二	周三	周四	周五	周六	周日
标准分数 Z	3	−0.6	−0.2	0.4	−1.8	−2.2	0

周一和周六两天失去了控制。

4.6　（1）应该从平均数和标准差两个方面进行评价。在对各种方法的离散程度进行比较时，应该采用离散系数。

（2）下表给出了用 Excel 计算一些主要描述统计量。

方法 A		方法 B		方法 C	
平均	165.6	平均	128.73	平均	125.53
中位数	165	中位数	129	中位数	126
众数	164	众数	128	众数	126
标准差	2.13	标准差	1.75	标准差	2.77

续表

方法 A		方法 B		方法 C	
全距	8	全距	7	全距	12
最小值	162	最小值	125	最小值	116
最大值	170	最大值	132	最大值	128

从三种方法的集中趋势来看，方法 A 的平均产量最高，中位数和众数也都高于其他两种方法。从离散程度来看，三种方法的离散系数分别为：$CV_A = \frac{2.13}{165.6} = 0.013$，$CV_B = \frac{1.75}{128.73} = 0.014$，$CV_C = \frac{2.77}{125.53} = 0.022$。方法 A 的离散程度最小，因此应选择方法 A。

第 5 章 概率与概率分布

一、学习指导

概率是对随机事件发生的可能性大小的一种度量。本章首先介绍事件及概率的有关概念，然后介绍概率的性质和运算法则，最后介绍离散型随机变量和连续型随机变量的概率分布。本章各节的主要内容和学习要点总结在下面的表格中。

章节	主要内容	学习要点
5.1 随机事件及其概率	随机事件的几个基本概念	▶ 概念：随机事件，必然事件，不可能事件，基本事件。
	事件的概率	▶ 概念：概率，主观概率。 ▶ 概率的古典定义。 ▶ 概率的统计定义。
5.2 离散型随机变量及其分布	随机变量的概念	▶ 概念：随机变量，离散型随机变量，连续型随机变量。
	离散型随机变量的概率分布	▶ 概念：概率分布，期望值，方差，二项分布，泊松分布。 ▶ 离散型随机变量的概率分布。 ▶ 期望值和方差的计算。 ▶ n 重贝努里试验与二项分布。 ▶ 二项分布概率的计算。 ▶ 泊松分布概率的计算。
5.3 连续型随机变量的概率分布	概率密度与分布函数	▶ 概念：概率密度函数，概率分布函数。
	正态分布	▶ 正态分布曲线的性质。 ▶ 标准正态分布。 ▶ 正态分布概率和标准正态分布概率的计算。

二、主要公式

名称	公式
概率的古典定义	$P(A)=\dfrac{\text{事件}A\text{所包含的基本事件个数}}{\text{样本空间所包含的基本事件个数}}=\dfrac{m}{n}$
概率的统计定义	$P(A)=\dfrac{m}{n}=p$
离散型随机变量的期望值	$E(X)=x_1p_1+x_2p_2+\cdots+x_np_n=\sum\limits_{i=1}^{n}x_ip_i$
离散型随机变量的方差	$\sigma^2=D(X)=\sum\limits_{i=1}^{\infty}[x_i-E(X)]^2p_i$
二项分布的概率	$P\{X=x\}=C_n^xp^xq^{n-x}$
二项分布的期望值	$E(X)=np$
二项分布的方差	$D(X)=npq$
泊松分布的概率	$P(X)=\dfrac{\lambda^x\mathrm{e}^{-\lambda}}{x!}$
连续型随机变量的期望值	$E(X)=\int_{-\infty}^{+\infty}xf(x)\mathrm{d}x=\mu$
连续型随机变量的方差	$D(X)=\int_{-\infty}^{+\infty}[x-E(X)]^2f(x)\mathrm{d}x=\sigma^2$
正态分布的概率密度函数	$f(x)=\dfrac{1}{\sigma\sqrt{2\pi}}\mathrm{e}^{-\frac{1}{2\sigma^2}(x-\mu)^2}$
标准正态分布的概率密度函数	$\varphi(x)=\dfrac{1}{\sqrt{2\pi}}\mathrm{e}^{-\frac{x^2}{2}}$
标准正态分布的分布函数	$\Phi(x)=\int_{-\infty}^{x}\varphi(t)\mathrm{d}t=\int_{-\infty}^{x}\dfrac{1}{\sqrt{2\pi}}\mathrm{e}^{-\frac{t^2}{2}}\mathrm{d}t$
标准化公式	$Z=\dfrac{X-\mu}{\sigma}$
正态随机变量 $a\leqslant X\leqslant b$ 的概率	$P(a\leqslant X\leqslant b)=\Phi\left(\dfrac{b-\mu}{\sigma}\right)-\Phi\left(\dfrac{a-\mu}{\sigma}\right)$

三、选择题

1. 一项试验中所有可能结果的集合称为（　　）。

A. 事件　　B. 简单事件　　C. 样本空间　　D. 基本事件

2. 每次试验可能出现也可能不出现的事件称为（　　）。

A. 必然事件　　B. 样本空间　　C. 随机事件　　D. 不可能事件

3. 抛 3 枚硬币，用 0 表示反面，1 表示正面，其样本空间 Ω=（　　）。

A. {000，001，010，100，011，101，110，111}

B. {1，2，3}

C. {0，1}

D. {01，10}

4. 随机抽取一只灯泡，观察其使用寿命 t，其样本空间 Ω=（　　）。

A. $\{t=0\}$　　B. $\{t<0\}$　　C. $\{t>0\}$　　D. $\{t\geqslant 0\}$

5. 观察一批产品的合格率 p，其样本空间 Ω=（　　）。

A. $\{0<p<1\}$　　B. $\{0\leqslant p\leqslant 1\}$　　C. $\{p\leqslant 1\}$　　D. $\{p\geqslant 0\}$

6. 抛掷一枚硬币，观察其出现的是正面还是反面，并将事件 A 定义为：事件 A=出现正面，这一事件的概率记作 $P(A)$。则概率 $P(A)=1/2$ 的含义是（　　）。

A. 抛掷多次硬币，恰好有一半结果正面朝上

B. 抛掷两次硬币，恰好有一次结果正面朝上

C. 抛掷多次硬币，出现正面的次数接近一半

D. 抛掷一次硬币，出现的恰好是正面

7. 若某一事件取值的概率为 1，则这一事件被称为（　　）。

A. 随机事件　　B. 必然事件　　C. 不可能事件　　D. 基本事件

8. 抛掷一枚色子，并考察其结果。其点数为 1 点或 2 点或 3 点或 4 点或 5 点或 6 点的概率为（　　）。

A. 1　　B. 1/6　　C. 1/4　　D. 1/2

9. 一家计算机软件开发公司的人事部门作了一项调查，发现在最近两年内离职的公司员工中有 40%是因为对工资不满意，有 30%是因为对工作不满意，有 15%是因为他们对工资和工作都不满意。设 A=员工离职是因为对工资不满意；B=员工离职是因为对工作不满意。则两年内离职的员工中，离职原因是因为对工资不满意，或者对工作不满意，或者二者皆有的概率为（　　）。

A. 0.40　　B. 0.30　　C. 0.15　　D. 0.55

10. 一家超市所作的一项调查表明，有 80%的顾客到超市是来购买食品，60%的人是来购买其他商品，35%的人既购买食品也购买其他商品。设 A=顾客购买食品，B=顾客

购买其他商品。则某顾客来超市购买食品的条件下，也购买其他商品的概率为（　　）。

A. 0.80　　B. 0.60　　C. 0.437 5　　D. 0.35

11. 一家电脑公司从两个供应商处购买了同一种计算机配件，质量状况如下表所示：

供应商	正品数	次品数	合计
甲	84	6	90
乙	102	8	110
合计	186	14	200

设 A=取出的一个为正品；B=取出的一个为供应商甲供应的配件。从这 200 个配件中任取一个进行检查，取出的一个为正品的概率为（　　）。

A. 0.93　　B. 0.45　　C. 0.42　　D. 0.933 3

12. 一家电脑公司从两个供应商处购买了同一种计算机配件，质量状况如下表所示：

供应商	正品数	次品数	合计
甲	84	6	90
乙	102	8	110
合计	186	14	200

设 A=取出的一个为正品；B=取出的一个为供应商甲供应的配件。从这 200 个配件中任取一个进行检查，取出的一个为供应商甲供应的配件的概率为（　　）。

A. 0.93　　B. 0.45　　C. 0.42　　D. 0.933 3

13. 一部电梯在一周内发生故障的次数及相应的概率如下表所示：

故障次数（$X=x_i$）	0	1	2	3
概率(p_i)	0.10	0.25	0.35	α

表中 α 的值为（　　）。

A. 0.35　　B. 0.10　　C. 0.25　　D. 0.30

14. 一家电脑配件供应商声称，其提供的配件 100 个中拥有次品的个数 X 及概率如下表所示：

次品数（$X=x_i$）	0	1	2	3
概率（p_i）	0.75	0.12	0.08	0.05

则该供应商次品数的期望值为（　　）。

A. 0.43　　B. 0.15　　C. 0.12　　D. 0.75

15. 一家电脑配件供应商声称，其提供的配件 100 个中拥有次品的个数 X 及概率如下表所示：

次品数（$X=x_i$）	0	1	2	3
概率（p_i）	0.75	0.12	0.08	0.05

则该供应商次品数的标准差为（　　）。

A. 0.43　　B. 0.84　　C. 0.12　　D. 0.71

16. 指出下面关于 n 重贝努里试验的陈述中哪一个是错误的（　　）。

A. 一次试验只有两个可能结果，即“成功”和“失败”

B. 每次试验成功的概率 p 都是相同的

C. 试验是相互独立的

D. 在 n 次试验中，“成功”的次数对应一个连续型随机变量

17. 已知一批产品的次品率为 4%，从中有放回地抽取 5 个。则 5 个产品中没有次品的概率为（　　）。

A. 0.815　　B. 0.170　　C. 0.014　　D. 0.999

18. 指出下面的分布中哪一个不是离散型随机变量的概率分布（　　）。

A. 0－1 分布　　B. 二项分布　　C. 泊松分布　　D. 正态分布

19. 设 X 是参数为 $n=4$ 和 $p=0.5$ 的二项随机变量，则 $P(X<2)=$（　　）。

A. 0.312 5　　B. 0.212 5　　C. 0.687 5　　D. 0.787 5

20. 假定某公司职员每周的加班津贴服从均值为 50 元、标准差为 10 元的正态分布，那么全公司中每周的加班津贴会超过 70 元的职员比例为（　　）。

A. 0.977 2　　B. 0.022 8　　C. 0.682 6　　D. 0.317 4

21. 假定某公司职员每周的加班津贴服从均值为 50 元、标准差为 10 元的正态分布，那么全公司中每周的加班津贴在 40～60 元之间的职员比例为（　　）。

A. 0.977 2　　B. 0.022 8　　C. 0.682 6　　D. 0.317 4

22. 设 Z 服从标准正态分布，则 $P(0\leqslant Z\leqslant 1.2)=$（　　）。

A. 0.384 9　　B. 0.431 9　　C. 0.184 4　　D. 0.414 7

23. 设 Z 服从标准正态分布，则 $P(-0.48\leqslant Z\leqslant 0)=$（　　）。

A. 0.384 9　　B. 0.431 9　　C. 0.184 4　　D. 0.414 7

24. 设 Z 服从标准正态分布，则 $P(Z>1.33)=$（　　）。

A. 0.384 9　　B. 0.431 9　　C. 0.091 8　　D. 0.414 7

25. 若掷一枚色子，考虑两个事件：A，色子的点数为奇数；B，色子的点数大于等于 4。则条件概率 $P(A\mid B)=$（　　）。

A. 1/3　　B. 1/6　　C. 1/2　　D. 1/4

26. 推销员向客户推销某种产品成功的概率为 0.3。他在一天中共向 5 名客户进行了推销，则成功谈成客户数不超过 2 人的概率为（　　）。

A. 0.168 1　　B. 0.360 2　　C. 0.836 9　　D. 0.308 7

27. 一种电梯的最大承载重量为 1 000 千克，假设该电梯一次进入 15 人，如果每个人

的体重（千克）服从 $N(60, 15^2)$，则超重的概率为（　　）。

A. 0.042 6　　B. 0.052 8　　C. 0.078 5　　D. 0.014 2

四、选择题答案

1. C	2. C	3. A	4. D	5. B	6. C
7. B	8. A	9. D	10. C	11. A	12. B
13. D	14. A	15. B	16. D	17. A	18. D
19. A	20. B	21. C	22. A	23. C	24. C
25. A	26. C	27. A			

五、教材练习题详细解答

5.1　(1) 平均分数是范围在 0～100 之间的一个连续变量，$\Omega=[0, 100]$。

(2) 已经遇到的绿灯次数是从 0 开始的任意自然数，$\Omega=N$。

(3) 之前生产的产品中可能无次品也可能有任意多个次品，$\Omega=\{10, 11, 12, 13, \cdots\}$。

5.2　(1) $P(x=100)=0.001$，$P(x=10)=0.01$，$P(x=1)=0.2$，$P(x=0)=0.789$

(2) $E(X)=100\times0.001+10\times0.01+1\times0.2=0.4$

5.3　答对至少四道题包含两种情况，对四道错一道，对五道。

$$C_5^4\left(\frac{1}{4}\right)^4\left(\frac{3}{4}\right)+C_5^5\left(\frac{1}{4}\right)^5=\frac{1}{64}$$

5.4　由泊松分布的性质有：

$$P\{X=1\}=\lambda e^{-\lambda}$$

$$P\{X=2\}=\frac{\lambda^2 e^{-\lambda}}{2!}$$

$$\lambda=2$$

$$P(X=4)=\frac{2}{3}e^{-2}$$

5.5　(1) 化为标准正态分布有：

$$\begin{aligned}P\{|x|>2\}&=P\{x>2\}+P\{x<-2\}\\&=P\left\{\frac{x-3}{2}>\frac{-1}{2}\right\}+P\left\{\frac{x-3}{2}<\frac{-5}{2}\right\}\\&=1-\Phi\left(-\frac{1}{2}\right)+\Phi\left(-\frac{5}{2}\right)\\&=\Phi\left(+\frac{1}{2}\right)+1-\Phi\left(+\frac{5}{2}\right)\end{aligned}$$

（2）由于 N（3，4）关于均值 3 对称，所以 $P\{x>3\}=\frac{1}{2}$。

5.6　$P\{120<x<200\}=P\left\{\frac{|x-160|}{\sigma}<\frac{40}{\sigma}\right\}=2\Phi\left(\frac{40}{\sigma}\right)-1\geqslant 0.08$

$\Phi\left(\frac{40}{\sigma}\right)\geqslant 0.54$，$\sigma\leqslant 398.27$

5.7　（1）$P\{x\leqslant 230\}=P\left\{\frac{x-200}{20}\leqslant\frac{30}{20}\right\}=\Phi(1.5)$

（2）$P\{190\leqslant x\leqslant 210\}=P\left\{\frac{|x-200|}{20}\leqslant\frac{10}{20}\right\}=2\Phi(0.5)-1$

第6章 统计量及其抽样分布

一、学习指导

抽样分布是进行参数估计假设检验的重要基础。本章首先介绍统计量和分布的几个概念，然后介绍由正态分布导出的几个分布，最后介绍样本均值、样本比例、样本方差以及两个样本均值之差的分布。本章各节的主要内容和学习要点总结在下面的表格中。

章节	主要内容	学习要点
6.1 统计量	统计量的概念	▶ 概念：统计量。
	常用统计量	▶ 概念：样本矩。
6.2 由正态分布导出的几个重要分布	χ^2 分布	▶ χ^2 分布及其特点。
	t 分布	▶ t 分布及其特点。
	F 分布	▶ F 分布及其特点。
6.3 样本均值的分布与中心极限定理	样本均值的抽样分布	▶ 样本均值的抽样分布及其特点。
	中心极限定理	▶ 中心极限定理及其应用。

二、主要公式

名称	公式
$\overline{X}$抽样分布的期望值	$E(\overline{X})=\mu$
$\overline{X}$抽样分布的方差	$D(\overline{X})=\dfrac{\sigma^2}{n}$

三、选择题

1. 设 X_1，X_2，…，X_n 是从某总体 X 中抽取的一个样本，下面哪一个不是统计量（　　）。

A. $\overline{X}=\frac{1}{n}\sum_{i=1}^{n}X_i$　　B. $S^2=\frac{1}{n}\sum_{i=1}^{n}(X_i-\overline{X})^2$

C. $\sum_{i=1}^{n}[X_i-E(X)]^2$　　D. $S^2=\frac{1}{n-1}\sum_{i=1}^{n}(X_i-\overline{X})^2$

2. 抽样分布是指（　　）。

A. 一个样本各观测值的分布　　B. 总体中各观测值的分布

C. 样本统计量的分布　　D. 样本数量的分布

3. 根据中心极限定理可知，当样本容量充分大时，样本均值的抽样分布服从正态分布，其分布的均值为（　　）。

A. μ　　B. $\overline{X}$　　C. σ^2　　D. $\frac{\sigma^2}{n}$

4. 根据中心极限定理可知，当样本容量充分大时，样本均值的抽样分布服从正态分布，其分布的方差为（　　）。

A. μ　　B. $\overline{X}$　　C. σ^2　　D. $\frac{\sigma^2}{n}$

5. 从均值为 μ、方差为 σ^2（有限）的任意一个总体中抽取大小为 n 的样本，则（　　）。

A. 当 n 充分大时，样本均值 $\overline{X}$ 的分布近似服从正态分布

B. 只有当 $n<30$ 时，样本均值 $\overline{X}$ 的分布近似服从正态分布

C. 样本均值 $\overline{X}$ 的分布与 n 无关

D. 无论 n 多大，样本均值 $\overline{X}$ 的分布都为非正态分布

6. 从一个均值 $\mu=10$、标准差 $\sigma=0.6$ 的总体中随机选取容量为 $n=36$ 的样本。假定该总体并不是很偏的，则样本均值 $\overline{X}$ 小于 9.9 的近似概率为（　　）。

A. 0.158 7　　B. 0.126 8　　C. 0.273 5　　D. 0.632 4

7. 假设总体服从均匀分布，从此总体中抽取容量为 36 的样本，则样本均值的抽样分布（　　）。

A. 服从非正态分布　　B. 近似正态分布

C. 服从均匀分布　　D. 服从 χ^2 分布

8. 从服从正态分布的无限总体中分别抽取容量为 4，16，36 的样本，当样本容量增大时，样本均值的标准差（　　）。

A. 保持不变　　B. 增加　　C. 减小　　D. 无法确定

9. 总体均值为 50，标准差为 8，从此总体中随机抽取容量为 64 的样本，则样本均值的抽样分布的均值和标准误差分别为（　　）。

A. 50，8　　B. 50，1　　C. 50，4　　D. 8，8

10. 某大学的一家快餐店记录了过去 5 年每天的营业额，每天营业额的均值为 2 500 元，标准差为 400 元。由于在某些节日的营业额偏高，所以每日营业额的分布是右偏的，假设从这 5 年中随机抽取 100 天，并计算这 100 天的平均营业额，则样本均值的抽样分布是（　　）。

A. 正态分布，均值为 250 元，标准差为 40 元

B. 正态分布，均值为 2 500 元，标准差为 40 元

C. 右偏，均值为 2 500 元，标准差为 400 元

D. 正态分布，均值为 2 500 元，标准差为 400 元

11. 某班学生的年龄分布是右偏的，均值为 22，标准差为 4.45。如果采取重复抽样的方法从该班抽取容量为 100 的样本，则样本均值的抽样分布是（　　）。

A. 正态分布，均值为 22，标准差为 0.445

B. 分布形状未知，均值为 22，标准差为 4.45

C. 正态分布，均值为 22，标准差为 4.45

D. 分布形状未知，均值为 22，标准差为 0.445

12. 在一个饭店门口等待出租车的时间是左偏的，均值为 12 分钟，标准差为 3 分钟。如果从饭店门口随机抽取 100 名顾客并记录他们等待出租车的时间，则该样本均值的分布服从（　　）。

A. 正态分布，均值为 12 分钟，标准差为 0.3 分钟

B. 正态分布，均值为 12 分钟，标准差为 3 分钟

C. 左偏分布，均值为 12 分钟，标准差为 3 分钟

D. 左偏分布，均值为 12 分钟，标准差为 0.3 分钟

13. 某厂家生产的灯泡寿命的均值为 60 小时，标准差为 4 小时。如果从中随机抽取 30 只灯泡进行检测，则样本均值（　　）。

A. 抽样分布的标准差为 4 小时

B. 抽样分布近似等同于总体分布

C. 抽样分布的中位数为 60 小时

D. 抽样分布近似等同于正态分布，均值为 60 小时

14. 假设某学校学生的年龄分布是右偏的，均值为 23 岁，标准差为 3 岁。如果随机抽取 100 名学生，下列关于样本均值抽样分布描述不正确的是（　　）。

A. 抽样分布的标准差等于 3　　B. 抽样分布近似服从正态分布

C. 抽样分布的均值近似为 23　　D. 抽样分布为非正态分布

15. 从均值为 200、标准差为 50 的总体中抽取容量为 100 的简单随机样本，样本均值

的期望值是（　　）。

A. 150　　B. 200　　C. 100　　D. 250

16. 从均值为 200、标准差为 50 的总体中抽取容量为 100 的简单随机样本，样本均值的标准差是（　　）。

A. 50　　B. 10　　C. 5　　D. 15

四、选择题答案

1. C	2. C	3. A	4. D	5. A	6. A
7. B	8. C	9. B	10. B	11. A	12. A
13. D	14. A	15. B	16. C		

五、教材练习题详细解答

总体服从正态分布，样本均值也服从正态分布，且均值相同，方差等于总体方差除以样本量，$P\left\{\frac{|\bar{x}-\mu|}{1.0/3}\leqslant\frac{0.3}{1.0/3}\right\}=2\Phi(0.9)-1$。

第 7 章 参数估计

一、学习指导

参数估计是推断统计的重要内容之一，它是在抽样及抽样分布的基础上，根据样本统计量来推断我们所关心的总体参数。本章首先介绍参数估计的一般问题，然后介绍一个总体参数和两个总体参数的估计方法，最后介绍参数估计中样本量的确定问题。本章各节的主要内容和学习要点总结在下面的表格中。

章节	主要内容	学习要点
7.1 参数估计的基本原理	估计量与估计值	▶ 概念：估计量，估计值。
	点估计与区间估计	▶ 概念：点估计，区间估计，置信区间，置信水平。 ▶ 置信区间构建的原理。 ▶ 置信区间的解释。
	评价估计量的标准	▶ 概念：无偏性，有效性，一致性。
7.2 一个总体参数的区间估计	总体均值的区间估计	▶ 正态总体、方差已知时的置信区间。 ▶ 非正态总体、大样本时的置信区间。 ▶ 正态总体、方差未知时小样本的置信区间。 ▶ 用 Excel 计算给定的正态分布和 t 分布的临界值。
	总体比例的区间估计	▶ 总体比例的置信区间。
	总体方差的区间估计	▶ 总体方差的置信区间。 ▶ 用 Excel 计算给定 α 的 χ^2 分布的临界值。
7.3 两个总体参数的区间估计	两个总体均值之差的区间估计	▶ 独立大样本的置信区间。 ▶ 独立小样本的置信区间。 ▶ 匹配样本的置信区间。
	两个总体比例之差的区间估计	▶ 两个总体比例之差的置信区间。
	两个总体方差比的区间估计	▶ 两个总体方差比的置信区间。 ▶ 用 Excel 计算给定 α 的 F 分布的临界值。

续表

章节	主要内容	学习要点
7.4 样本量的确定	估计总体均值时样本量的确定	▶ 样本量的计算方法。
	估计总体比例时样本量的确定	▶ 样本量的计算方法。

二、主要公式

名称		公式
一个总体参数的区间估计	总体均值的置信区间（正态总体，σ 已知）	$\bar{x}\pm z_{\alpha/2}\frac{\sigma}{\sqrt{n}}$
	总体均值的置信区间（正态总体，σ 未知，大样本）	$\bar{x}\pm z_{\alpha/2}\frac{s}{\sqrt{n}}$
	总体均值的置信区间（正态总体，σ 未知，小样本）	$\bar{x}\pm t_{\alpha/2}\frac{s}{\sqrt{n}}$
	总体比例的置信区间	$p\pm z_{\alpha/2}\sqrt{\frac{p(1-p)}{n}}$
	总体方差的置信区间	$\frac{(n-1)s^2}{\chi^2_{\alpha/2}}\leqslant\sigma^2\leqslant\frac{(n-1)s^2}{\chi^2_{1-\alpha/2}}$
两个总体参数的区间估计	均值之差的置信区间：独立大样本，σ_1^2 和 σ_2^2 已知	$(\bar{x}_1-\bar{x}_2)\pm z_{\alpha/2}\sqrt{\frac{\sigma_1^2}{n_1}+\frac{\sigma_2^2}{n_2}}$
	均值之差的置信区间：独立大样本，σ_1^2 和 σ_2^2 未知	$(\bar{x}_1-\bar{x}_2)\pm z_{\alpha/2}\sqrt{\frac{s_1^2}{n_1}+\frac{s_2^2}{n_2}}$
	均值之差的置信区间：独立小样本，σ_1^2 和 σ_2^2 未知但相等	$(\bar{x}_1-\bar{x}_2)\pm t_{\alpha/2}(n_1+n_2-2)\sqrt{s_p^2\left(\frac{1}{n_1}+\frac{1}{n_2}\right)}$
	均值之差的置信区间：独立小样本，σ_1^2 和 σ_2^2 未知且不相等，两个样本的容量相等	$(\bar{x}_1-\bar{x}_2)\pm t_{\alpha/2}(n_1+n_2-2)\sqrt{\frac{s_1^2}{n_1}+\frac{s_2^2}{n_2}}$
	均值之差的置信区间：独立小样本，σ_1^2 和 σ_2^2 未知且不相等，两个样本的容量不相等	$(\bar{x}_1-\bar{x}_2)\pm t_{\alpha/2}(v)\sqrt{\frac{s_1^2}{n_1}+\frac{s_2^2}{n_2}}$
	均值之差的置信区间：匹配大样本	$\bar{d}\pm z_{\alpha/2}\frac{\sigma_d}{\sqrt{n}}$
	均值之差的置信区间：匹配小样本	$\bar{d}\pm t_{\alpha/2}(n-1)\frac{s_d}{\sqrt{n}}$
	两个总体比例之差的区间估计	$(p_1-p_2)\pm z_{\alpha/2}\sqrt{\frac{p_1(1-p_1)}{n_1}+\frac{p_2(1-p_2)}{n_2}}$
	两个总体方差比的置信区间	$\frac{s_1^2/s_2^2}{F_{\alpha/2}}\leqslant\frac{\sigma_1^2}{\sigma_2^2}\leqslant\frac{s_1^2/s_2^2}{F_{1-\alpha/2}}$

续表

名称		公式
样本量的确定	估计总体均值时的样本量	$n=\frac{(z_{\alpha/2})^2\sigma^2}{E^2}$
	估计总体比例时的样本量	$n=\frac{(z_{\alpha/2})^2\pi(1-\pi)}{E^2}$

三、选择题

1. 估计量的含义是指（　　）。

A. 用来估计总体参数的统计量的名称

B. 用来估计总体参数的统计量的具体数值

C. 总体参数的名称

D. 总体参数的具体数值

2. 在参数估计中，要求通过样本的统计量来估计总体参数，评价统计量的标准之一是使它与总体参数的离差越小越好。这种评价标准称为（　　）。

A. 无偏性　　B. 有效性　　C. 一致性　　D. 充分性

3. 根据一个具体的样本求出的总体均值的 95%的置信区间（　　）。

A. 以 95%的概率包含总体均值

B. 有 5%的可能性包含总体均值

C. 一定包含总体均值

D. 要么包含总体均值，要么不包含总体均值

4. 无偏估计是指（　　）。

A. 样本统计量的值恰好等于待估的总体参数

B. 所有可能样本估计值的数学期望等于待估总体参数

C. 样本估计值围绕待估总体参数使其误差最小

D. 样本量扩大到和总体单元相等时与总体参数一致

5. 总体均值的置信区间等于样本均值加减边际误差，其中的边际误差等于所要求置信水平的临界值乘以（　　）。

A. 样本均值的抽样标准差　　B. 样本标准差

C. 样本方差　　D. 总体标准差

6. 当样本量一定时，置信区间的宽度（　　）。

A. 随着置信系数的增大而减小　　B. 随着置信系数的增大而增大

C. 与置信系数的大小无关　　D. 与置信系数的平方成反比

7. 当置信水平一定时，置信区间的宽度（　　）。

A. 随着样本量的增大而减小　　B. 随着样本量的增大而增大

C. 与样本量的大小无关　　D. 与样本量的平方根成正比

8. 一个 95%的置信区间是指（　　）。

A. 总体参数有 95%的概率落在这一区间内

B. 总体参数有 5%的概率未落在这一区间内

C. 在用同样方法构造的总体参数的多个区间中，有 95%的区间包含该总体参数

D. 在用同样方法构造的总体参数的多个区间中，有 95%的区间不包含该总体参数

9. 95%的置信水平是指（　　）。

A. 总体参数落在一个特定的样本所构造的区间内的概率为 95%

B. 在用同样方法构造的总体参数的多个区间中，包含总体参数的区间比例为 95%

C. 总体参数落在一个特定的样本所构造的区间内的概率为 5%

D. 在用同样方法构造的总体参数的多个区间中，包含总体参数的区间比例为 5%

10. 一个估计量的有效性是指（　　）。

A. 该估计量的数学期望等于被估计的总体参数

B. 该估计量的一个具体数值等于被估计的总体参数

C. 该估计量的方差比其他估计量大

D. 该估计量的方差比其他估计量小

11. 一个估计量的一致性是指（　　）。

A. 该估计量的数学期望等于被估计的总体参数

B. 该估计量的方差比其他估计量小

C. 随着样本量的增大，该估计量的值越来越接近被估计的总体参数

D. 该估计量的方差比其他估计量大

12. 置信系数（$1-\alpha$）表达了置信区间的（　　）。

A. 准确性　　B. 精确性　　C. 显著性　　D. 可靠性

13. 在总体均值和总体比例的区间估计中，边际误差由（　　）。

A. 置信水平确定

B. 统计量的抽样标准差确定

C. 置信水平和统计量的抽样标准差确定

D. 统计量的抽样方差确定

14. 在置信水平不变的条件下，要缩小置信区间，则（　　）。

A. 需要增加样本量　　B. 需要减少样本量

C. 需要保持样本量不变　　D. 需要改变统计量的抽样标准差

15. 当正态总体的方差未知时，在小样本条件下，估计总体均值使用的分布是（　　）。

A. 正态分布　　B. t 分布　　C. χ^2 分布　　D. F 分布

16. 当正态总体的方差未知时，在大样本条件下，估计总体均值使用的分布是（　　）。

A. 正态分布　　B. t 分布　　C. χ^2 分布　　D. F 分布

17. 当正态总体的方差已知时，在小样本条件下，估计总体均值使用的分布是（　　）。

A. 正态分布　　B. t 分布　　C. χ^2 分布　　D. F 分布

18. 当正态总体的方差已知时，在大样本条件下，估计总体均值使用的分布是（　　）。

A. 正态分布　　B. t 分布　　C. χ^2 分布　　D. F 分布

19. 对于非正态总体，在大样本条件下，估计总体均值使用的分布是（　　）。

A. 正态分布　　B. t 分布　　C. χ^2 分布　　D. F 分布

20. 根据两个独立的大样本估计两个总体均值之差时，当两个总体的方差未知时，使用的分布是（　　）。

A. 正态分布　　B. t 分布　　C. χ^2 分布　　D. F 分布

21. 根据两个独立的大样本估计两个总体均值之差时，当两个总体的方差已知时，使用的分布是（　　）。

A. 正态分布　　B. t 分布　　C. χ^2 分布　　D. F 分布

22. 根据两个独立的小样本估计两个总体均值之差时，当两个总体的方差未知但相等时，使用的分布是（　　）。

A. 正态分布　　B. t 分布　　C. χ^2 分布　　D. F 分布

23. 根据两个独立的小样本估计两个总体均值之差时，当两个总体的方差未知且不相等时，使用的分布是（　　）。

A. 正态分布　　B. t 分布　　C. χ^2 分布　　D. F 分布

24. 根据两个匹配的小样本估计两个总体均值之差时，使用的分布是（　　）。

A. 正态分布　　B. t 分布　　C. χ^2 分布　　D. F 分布

25. 估计两个总体方差比的置信区间时，使用的分布是（　　）。

A. 正态分布　　B. t 分布　　C. χ^2 分布　　D. F 分布

26. 在其他条件不变的情况下，总体数据的方差越大，估计时所需的样本量（　　）。

A. 越大　　B. 越小

C. 可能大也可能小　　D. 不变

27. 在其他条件不变的情况下，可以接受的边际误差越大，估计时所需的样本量（　　）。

A. 越大　　B. 越小

C. 可能大也可能小　　D. 不变

28. 使用统计量 $z=\dfrac{\bar{x}-\mu}{s/\sqrt{n}}$ 估计总体均值的条件是（　　）。

A. 总体为正态分布　　B. 总体为正态分布且方差已知

C. 总体为正态分布但方差未知　　D. 大样本

29. 对于非正态总体，使用统计量 $z=\frac{\bar{x}-\mu}{s/\sqrt{n}}$ 估计总体均值的条件是（　　）。

A. 小样本　　B. 总体方差已知

C. 总体方差未知　　D. 大样本

30. 对于非正态总体，在大样本条件下，总体均值在 $1-\alpha$ 置信水平下的置信区间可以写为（　　）。

A. $\bar{x}\pm z_{\alpha/2}\frac{\sigma^2}{\sqrt{n}}$　　B. $\bar{x}\pm z_{\alpha/2}\frac{\sigma^2}{n}$

C. $\bar{x}\pm z_{\alpha/2}\frac{s}{\sqrt{n}}$　　D. $\bar{x}\pm z_{\alpha/2}\frac{s^2}{n}$

31. 正态总体方差已知时，在小样本条件下，总体均值在 $1-\alpha$ 置信水平下的置信区间可以写为（　　）。

A. $\bar{x}\pm z_{\alpha/2}\frac{\sigma^2}{\sqrt{n}}$　　B. $\bar{x}\pm t_{\alpha/2}\frac{s}{\sqrt{n}}$

C. $\bar{x}\pm z_{\alpha/2}\frac{\sigma}{\sqrt{n}}$　　D. $\bar{x}\pm z_{\alpha/2}\frac{s^2}{n}$

32. 正态总体方差未知时，在小样本条件下，总体均值在 $1-\alpha$ 置信水平下的置信区间可以写为（　　）。

A. $\bar{x}\pm z_{\alpha/2}\frac{\sigma^2}{\sqrt{n}}$　　B. $\bar{x}\pm t_{\alpha/2}\frac{s}{\sqrt{n}}$

C. $\bar{x}\pm z_{\alpha/2}\frac{\sigma}{\sqrt{n}}$　　D. $\bar{x}\pm t_{\alpha/2}\frac{s^2}{n}$

33. 在进行区间估计时，若要求置信水平为 95%，则相应的临界值为（　　）。

A. 1.645　　B. 1.96　　C. 2.58　　D. 1.5

34. 在其他条件相同的情况下，95%的置信区间比 90%的置信区间（　　）。

A. 要宽　　B. 要窄

C. 相同　　D. 可能宽也可能窄

35. 指出下面的说法哪一个是正确的（　　）。

A. 样本量越大，样本均值的抽样标准差就越小

B. 样本量越大，样本均值的抽样标准差就越大

C. 样本量越小，样本均值的抽样标准差就越小

D. 样本均值的抽样标准差与样本量无关

36. 指出下面的说法哪一个是正确的（　　）。

A. 置信水平越大，估计的可靠性越大

B. 置信水平越大，估计的可靠性越小

C. 置信水平越小，估计的可靠性越大

D. 置信水平的大小与估计的可靠性无关

37. 指出下面的说法哪一个是正确的（　　）。

A. 在置信水平一定的条件下，要提高估计的可靠性，就应缩小样本量

B. 在置信水平一定的条件下，要提高估计的可靠性，就应增大样本量

C. 在样本量一定的条件下，要提高估计的可靠性，就降低置信水平

D. 在样本量一定的条件下，要提高估计的准确性，就提高置信水平

38. 将构造置信区间的步骤重复多次，其中包含总体参数真值的次数所占的比例称为（　　）。

A. 置信区间　　B. 显著性水平

C. 置信水平　　D. 临界值

39. 样本均值的抽样标准差 $\sigma_{\bar{x}}$（　　）。

A. 随着样本量的增大而变小　　B. 随着样本量的增大而变大

C. 与样本量的大小无关　　D. 大于总体标准差

40. 在用正态分布进行置信区间估计时，临界值 1.96 所对应的置信水平是（　　）。

A. 85%　　B. 90%　　C. 95%　　D. 99%

41. 在用正态分布进行置信区间估计时，临界值 2.58 所对应的置信水平是（　　）。

A. 85%　　B. 90%　　C. 95%　　D. 99%

42. 在用正态分布进行置信区间估计时，临界值 1.645 所对应的置信水平是（　　）。

A. 85%　　B. 90%　　C. 95%　　D. 99%

43. 抽取一个容量为 100 的随机样本，其均值 $\bar{x}=81$，标准差 $s=12$。总体均值 μ 的 95%的置信区间为（　　）。

A. 81±1.97　　B. 81±2.35　　C. 81±3.10　　D. 81±3.52

44. 抽取一个容量为 100 的随机样本，其均值 $\bar{x}=81$，标准差 $s=12$。总体均值 μ 的 99%的置信区间为（　　）。

A. 81±1.97　　B. 81±2.35　　C. 81±3.10　　D. 81±3.52

45. 随机抽取一个由 290 名教师组成的样本，让每个人对一些说法表明自己的态度。第一种说法是“年龄偏大的学生对班上的讨论比年龄偏小的学生更积极”。态度按 5 分制来衡量：1=非常同意；2=同意；3=没有意见；4=不同意；5=很不同意。对这一看法，样本的平均态度得分为 1.94，标准差为 0.92。用 98%的置信水平估计教师对这一看法的平均态度得分的置信区间为（　　）。

A. 1.94±0.13　　B. 1.94±1.13

C. 1.94±1.96　　D. 1.94±2.58

46. 从一个正态总体中随机抽取一个容量为 n 的样本，其均值和标准差分别为 33 和 4。当 $n=5$ 时，构造总体均值 μ 的 95%的置信区间为（　　）。

A. 33±4.97　　B. 33±2.22　　C. 33±1.65　　D. 33±1.96

47. 从一个正态总体中随机抽取一个容量为 n 的样本，其均值和标准差分别为 33 和 4。当 $n=25$ 时，构造总体均值 μ 的 95%的置信区间为（　　）。

A. 33±4.97　　B. 33±2.22　　C. 33±1.65　　D. 33±1.96

48. 从某地区中随机抽出 20 个企业，得到 20 个企业总经理的年平均收入为25 964.7 元，标准差为 42 807.8 元。构造企业总经理年平均收入 μ 的 95%的置信区间为（　　）。

A. 25 964.7±20 034.3　　B. 25 964.7±21 034.3

C. 25 964.7±25 034.3　　D. 25 964.7±30 034.3

49. 根据 $n=250$，$p=0.38$ 的样本计算的样本比例的抽样标准差为（　　）。

A. 0.031　　B. 0.016　　C. 0.043　　D. 0.052

50. 在 $n=500$ 的随机样本中，成功的比例为 $p=0.20$，总体比例 π 的 95%的置信区间为（　　）。

A. 0.20±0.078　　B. 0.20±0.028

C. 0.20±0.035　　D. 0.20±0.045

51. 税务管理官员认为，大多数企业都有偷税漏税行为。在对由 800 个企业构成的随机样本的检查中，发现有 144 个企业有偷税漏税行为。根据 99%的置信水平估计偷税漏税企业比例的置信区间为（　　）。

A. 0.18±0.015　　B. 0.18±0.025

C. 0.18±0.035　　D. 0.18±0.045

52. 从均值分别为 μ_1 和 μ_2 的总体中抽出两个独立随机样本，当 $\bar{x}_1=150$，$s_1^2=36$；$\bar{x}_2=140$，$s_2^2=24$；$n_1=n_2=35$ 时，两个样本均值之差的抽样标准差 $\sigma_{\bar{x}_1-\bar{x}_2}$ 为（　　）。

A. 1.21　　B. 1.31　　C. 1.41　　D. 1.51

53. 一项研究表明，大公司的女性管理人员与小公司的女性管理人员颇为相似，该项研究抽取了两个独立的随机样本，小公司抽取 86 名女性经理，大公司抽取 91 名女性经理，根据若干个与工作有关的变量作了比较。其中所提出的一个问题是："最近三年内你被提升了几次?"两组女性经理的回答结果如下表：

小公司	大公司
$n_1=86$ $\bar{x}_1=1.0$ $s_1=1.1$	$n_2=91$ $\bar{x}_2=0.9$ $s_2=1.1$

大公司和小公司女性经理平均提升次数之差的 90%的置信区间为（　　）。

A. 0.1±0.27　　B. 0.01±0.27

C. 0.1±0.37　　D. 0.01±0.37

54. 一项研究表明，大公司的女性管理人员与小公司的女性管理人员颇为相似，该项研究抽取了两个独立的随机样本，小公司抽取 86 名女性经理，大公司抽取 91 名女性经理，根据若干个与工作有关的变量作了比较。其中所提出的一个问题是："如果有机会，你是否会改变所从事的工作?"小公司的 86 名经理中有 65 人作了否定回答，大公司的 91 名经理中有 51 人作了否定回答。两组女性经理中有机会改变工作的比例之差的 95%的置信区间为（　　）。

A. 0.195±0.017　　B. 0.195±0.117

C. 0.195±0.127　　D. 0.195±0.137

55. 若估计误差 $E=5$，$\sigma=40$，要估计总体均值 μ 的 95%的置信区间所需的样本量为（　　）。

A. 146　　B. 246　　C. 346　　D. 446

56. 若估计误差 $E=5$，$\sigma_1=12$，$\sigma_2=15$，要估计两个总体均值之差（$\mu_1-\mu_2$）的 95%的置信区间所需的样本量为（　　）。

A. 37　　B. 47　　C. 57　　D. 67

57. 某大型企业要提出一项改革措施，为估计职工中赞成该项改革的人数的比例，要求估计误差不超过 0.03，置信水平为 90%，应抽取的样本量为（　　）。

A. 552　　B. 652　　C. 752　　D. 852

58. 为估计自考学生的平均年龄，随机抽出一个 $n=60$ 的样本，算得 $\bar{x}=25.3$ 岁，总体方差是 $\sigma^2=16$，总体均值 μ 的 95%的置信区间为（　　）。

A. (22.29，24.31)　　B. (23.29，25.31)

C. (24.29，26.31)　　D. (25.29，27.31)

59. 一个 $n=50$ 的随机样本，算得样本均值 $\bar{x}=32$，总体标准差为 6。总体均值 μ 的 95%的置信区间为（　　）。

A. 32±1.66　　B. 32±2.66

C. 32±3.66　　D. 32±4.66

60. 在一项对学生资助贷款的研究中，随机抽取 480 名学生作为样本，得到毕业前的平均欠款额为 12 168 元，标准差为 2 200 元。则贷款学生总体中平均欠款额的 95%的置信区间为（　　）。

A. (11 971，12 365)　　B. (11 971，13 365)

C. (11 971，14 365)　　D. (11 971，15 365)

61. 从一个正态总体中随机抽取 $n=20$ 的一个随机样本，样本均值为 17.25，样本标准差为 3.3。则总体均值 μ 的 95%的置信区间为（　　）。

A. (15.97，18.53)　　B. (15.71，18.79)

C. (15.14，19.36)　　D. (14.89，20.45)

62. 销售公司要求销售人员与顾客经常保持联系。一个由 61 名销售人员组成的随机样本表明：销售人员每周与顾客联系的平均次数为 22.4 次，样本标准差为 5 次。则总体均值 μ 的 95%的置信区间为（　　）。

A. (19.15，22.65)　　B. (21.15，23.65)

C. (22.15，24.65)　　D. (21.15，25.65)

63. 某地区的写字楼月租金的标准差为 80 元，要估计总体均值的 95%的置信区间，希望的估计误差为 25 元，应抽取的样本量为（　　）。

A. 20　　B. 30　　C. 40　　D. 50

64. 某地区的写字楼月租金的标准差为 80 元，要估计总体均值的 95%的置信区间，希望的估计误差为 15 元，应抽取的样本量为（　　）。

A. 100　　B. 110　　C. 120　　D. 130

65. 在 95%的置信水平下，以 0.03 的估计误差构造总体比例的置信区间时，应抽取的样本量为（　　）。

A. 900　　B. 1 000　　C. 1 100　　D. 1 068

66. 随机抽取 400 人的一个样本，发现有 26%的上网者为女性。女性上网者比例的 95%的置信区间为（　　）。

A. (0.217, 0.303)　　B. (0.117, 0.403)

C. (0.217, 0.403)　　D. (0.117, 0.503)

67. 一项调查表明，有 33%的被调查者认为她们所在的公司十分适合女性工作。假定总体比例为 33%，取估计误差分别为 10%，5%，2%，1%，在建立总体比例的 95%的置信区间时，随着估计误差的降低，样本量会（　　）。

A. 减少　　B. 增大

C. 可能减少也可能增大　　D. 不变

68. 一项调查表明，在外企工作的员工每周平均工作 52 小时，随机抽取一个由 650 名员工组成的样本，样本标准差为 8.2 小时，在外企工作的员工平均每周工作时间的 95%的置信区间为（　　）。

A. (50.37, 52.63)　　B. (51.37, 52.63)

C. (52.37, 53.63)　　D. (51.37, 53.63)

69. 某城市为估计 A，B 两个区家庭年平均收入之差，在两个区抽取两个独立的随机样本，样本信息如下表：

A 区	B 区
$n_1=8$ $\bar{x}_1=15\ 700$ 元 $s_1=700$ 元	$n_2=12$ $\bar{x}_2=14\ 500$ 元 $s_2=850$ 元

两个区家庭年平均收入之差的 95%的置信区间为（　　）。

A. $1\ 200\pm562$　　B. $1\ 200\pm662$

C. $1\ 200\pm762$　　D. $1\ 200\pm862$

70. 在对两个广告效果的电视评比中，每个广告在一周的时间内播放 6 次，然后要求看过广告的人陈述广告的内容。记录的资料如下表：

广告	看过广告的人数	回想起主要内容的人数
A	150	63
B	200	60

两个总体回想比例之差的 95%的置信区间为（　　）。

A. (0.01, 0.22)　　B. (0.02, 0.22)

C. (0.03, 0.32)　　D. (0.04, 0.42)

四、选择题答案

1. A	2. B	3. D	4. B	5. A	6. B
7. A	8. C	9. B	10. D	11. C	12. D
13. C	14. A	15. B	16. A	17. A	18. A
19. A	20. A	21. A	22. B	23. B	24. B
25. D	26. A	27. B	28. D	29. D	30. C
31. C	32. B	33. B	34. A	35. A	36. A
37. B	38. C	39. A	40. C	41. D	42. B
43. B	44. C	45. A	46. A	47. C	48. A
49. A	50. C	51. C	52. B	53. A	54. D
55. B	56. C	57. C	58. C	59. A	60. A
61. B	62. B	63. C	64. B	65. D	66. A
67. B	68. B	69. C	70. B		

五、教材练习题详细解答

7.1　(1) 已知：总体服从正态分布，$\sigma=500$，$n=15$，$\bar{x}=8\ 900$，$\alpha=0.05$，$z_{0.05/2}=1.96$。

由于总体服从正态分布，所以总体均值 μ 的 95%的置信区间为：

$$\bar{x}\pm z_{\alpha/2}\frac{\sigma}{\sqrt{n}}=8\ 900\pm 1.96\times\frac{500}{\sqrt{15}}=8\ 900\pm 253.03$$

即 (8 646.97，9 153.03)。

(2) 已知：总体不服从正态分布，$\sigma=500$，$n=35$，$\bar{x}=8\ 900$，$\alpha=0.05$，$z_{0.05/2}=1.96$。

虽然总体不服从正态分布，但由于 $n=35$ 为大样本，所以总体均值 μ 的 95%的置信区间为：

$$\bar{x}\pm z_{\alpha/2}\frac{\sigma}{\sqrt{n}}=8\ 900\pm 1.96\times\frac{500}{\sqrt{35}}=8\ 900\pm 165.65$$

即 (8 734.35，9 065.65)。

(3) 已知：总体不服从正态分布，σ 未知，$n=35$，$\bar{x}=8\ 900$，$s=500$，$\alpha=0.1$，$z_{0.1/2}=1.645$。

虽然总体不服从正态分布，但由于 $n=35$ 为大样本，所以总体均值 μ 的 90%的置信区间为：

$$\bar{x}\pm z_{\alpha/2}\frac{s}{\sqrt{n}}=8\ 900\pm1.645\times\frac{500}{\sqrt{35}}=8\ 900\pm139.03$$

即（8 760.97，9 039.03）。

（4）已知：总体不服从正态分布，σ 未知，$n=35$，$\bar{x}=8\ 900$，$s=500$，$\alpha=0.01$，$z_{0.01/2}=2.58$。

虽然总体不服从正态分布，但由于 $n=35$ 为大样本，所以总体均值 μ 的 99%的置信区间为：

$$\bar{x}\pm z_{\alpha/2}\frac{s}{\sqrt{n}}=8\ 900\pm2.58\times\frac{500}{\sqrt{35}}=8\ 900\pm218.05$$

即（8 681.95，9 118.05）。

7.2　已知：$n=36$，当 α 为 0.1，0.05，0.01 时，相应的 $z_{0.1/2}=1.645$，$z_{0.05/2}=1.96$，$z_{0.01/2}=2.58$。

根据样本数据计算得：$\bar{x}=3.32$，$s=1.61$。

由于 $n=36$ 为大样本，所以平均上网时间的 90%的置信区间为：

$$\bar{x}\pm z_{\alpha/2}\frac{s}{\sqrt{n}}=3.32\pm1.645\times\frac{1.61}{\sqrt{36}}=3.32\pm0.44$$

即（2.88，3.76）。

平均上网时间的 95%的置信区间为：

$$\bar{x}\pm z_{\alpha/2}\frac{s}{\sqrt{n}}=3.32\pm1.96\times\frac{1.61}{\sqrt{36}}=3.32\pm0.53$$

即（2.79，3.85）。

平均上网时间的 99%的置信区间为：

$$\bar{x}\pm z_{\alpha/2}\frac{s}{\sqrt{n}}=3.32\pm2.58\times\frac{1.61}{\sqrt{36}}=3.32\pm0.69$$

即（2.63，4.01）。

7.3　（1）已知：总体服从正态分布，但 σ 未知，$n=50$ 为大样本，$\alpha=0.05$，$z_{0.05/2}=1.96$。

根据样本数据计算得：$\bar{x}=101.32$，$s=1.63$。

该种食品平均重量的 95%的置信区间为：

$$\bar{x}\pm z_{\alpha/2}\frac{s}{\sqrt{n}}=101.32\pm1.96\times\frac{1.63}{\sqrt{50}}=101.32\pm0.45$$

即（100.87，101.77）。

（2）根据样本数据可知，样本合格率为 $p=\frac{45}{50}=0.9$。该种食品合格率的 95%的置信区间为：

$$p \pm z_{\alpha/2}\sqrt{\frac{p(1-p)}{n}}=0.9\pm 1.96\times\sqrt{\frac{0.9\times(1-0.9)}{50}}=0.9\pm 0.08$$

即（0.82，0.98）。

7.4　已知：总体服从正态分布，但 σ 未知，$n=25$ 为小样本，$\alpha=0.01$，$t_{0.01/2}(25-1)=2.797$。

根据样本数据计算得：$\bar{x}=16.128$，$s=0.871$。

总体均值 μ 的 99%的置信区间为：

$$\bar{x}\pm t_{\alpha/2}\frac{s}{\sqrt{n}}=16.128\pm 2.797\times\frac{0.871}{\sqrt{25}}=16.128\pm 0.487$$

即（15.64，16.62）。

7.5　（1）已知：$n=44$，$p=0.51$，$\alpha=0.01$，$z_{0.01/2}=2.58$。

总体比例 π 的 99%的置信区间为：

$$p\pm z_{\alpha/2}\sqrt{\frac{p(1-p)}{n}}=0.51\pm 2.58\times\sqrt{\frac{0.51\times(1-0.51)}{44}}=0.51\pm 0.19$$

即（0.32，0.70）。

（2）已知：$n=300$，$p=0.82$，$\alpha=0.05$，$z_{0.05/2}=1.96$。

总体比例 π 的 95%的置信区间为：

$$p\pm z_{\alpha/2}\sqrt{\frac{p(1-p)}{n}}=0.82\pm 1.96\times\sqrt{\frac{0.82\times(1-0.82)}{300}}=0.82\pm 0.04$$

即（0.78，0.86）。

（3）已知：$n=1\,150$，$p=0.48$，$\alpha=0.1$，$z_{0.1/2}=1.645$。

总体比例 π 的 90%的置信区间为：

$$p\pm z_{\alpha/2}\sqrt{\frac{p(1-p)}{n}}=0.48\pm 1.645\times\sqrt{\frac{0.48\times(1-0.48)}{1\,150}}=0.48\pm 0.02$$

即（0.46，0.50）。

7.6　已知：$n=200$，$p=0.23$，α 为 0.1 和 0.05 时，相应的 $z_{0.1/2}=1.645$，$z_{0.05/2}=1.96$。

总体比例 π 的 90%的置信区间为：

$$p\pm z_{\alpha/2}\sqrt{\frac{p(1-p)}{n}}=0.23\pm 1.645\times\sqrt{\frac{0.23\times(1-0.23)}{200}}=0.23\pm 0.05$$

即（0.18，0.28）。

总体比例 π 的 95%的置信区间为：

$$p\pm z_{\alpha/2}\sqrt{\frac{p(1-p)}{n}}=0.23\pm 1.96\times\sqrt{\frac{0.23\times(1-0.23)}{200}}=0.23\pm 0.06$$

即（0.17，0.29）。

7.7　已知：$\sigma=1\,000$，估计误差 $E=200$，$\alpha=0.01$，$z_{0.01/2}=2.58$。

应抽取的样本量为：$n=\frac{(z_{\alpha/2})^2\sigma^2}{E^2}=\frac{2.58^2\times 1\,000^2}{200^2}=167$

7.8　(1) 已知：$n=50$，$p=\frac{32}{50}=0.64$，$\alpha=0.05$，$z_{0.05/2}=1.96$。

总体中赞成该项改革的户数比例的 95%的置信区间为：

$$p\pm z_{\alpha/2}\sqrt{\frac{p(1-p)}{n}}=0.64\pm 1.96\times\sqrt{\frac{0.64\times(1-0.64)}{50}}=0.64\pm 0.13$$

即 (0.51，0.77)。

(2) 已知：$\pi=0.80$，$\alpha=0.05$，$z_{0.05/2}=1.96$。

应抽取的样本量为：$n=\frac{(z_{\alpha/2})^2\cdot\pi(1-\pi)}{E^2}=\frac{1.96^2\times 0.80\times(1-0.80)}{0.1^2}\approx 62$

7.9　(1) 已知：$\bar{x}=21$，$s=2$，$n=50$，$\alpha=0.1$，由 Excel 的“CHISQ. INV. RT”函数计算的 $\chi^2_{0.1/2}(50-1)=66.338\,7$，$\chi^2_{1-0.1/2}(50-1)=33.930\,3$。总体方差 σ^2 的置信区间为：

$$\frac{(n-1)s^2}{\chi^2_{\alpha/2}}\leqslant\sigma^2\leqslant\frac{(n-1)s^2}{\chi^2_{1-\alpha/2}}\Rightarrow\frac{(50-1)\times 2^2}{66.338\,7}\leqslant\sigma^2\leqslant\frac{(50-1)\times 2^2}{33.930\,3}$$

即 $2.95\leqslant\sigma^2\leqslant 5.78$。标准差的置信区间为：$1.72\leqslant\sigma\leqslant 2.40$。

(2) 已知：$\bar{x}=1.3$，$s=0.02$，$n=15$，$\alpha=0.1$，由 Excel 的“CHISQ. INV. RT”函数计算的 $\chi^2_{0.1/2}(15-1)=23.684\,8$，$\chi^2_{1-0.1/2}(15-1)=6.570\,6$。总体方差 σ^2 的置信区间为：

$$\frac{(n-1)s^2}{\chi^2_{\alpha/2}}\leqslant\sigma^2\leqslant\frac{(n-1)s^2}{\chi^2_{1-\alpha/2}}\Rightarrow\frac{(15-1)\times 0.02^2}{23.684\,8}\leqslant\sigma^2\leqslant\frac{(15-1)\times 0.02^2}{6.570\,6}$$

标准差的置信区间为：$0.015\leqslant\sigma\leqslant 0.029$。

(3) 已知：$\bar{x}=167$，$s=31$，$n=22$，$\alpha=0.1$，由 Excel 的“CHISQ. INV. RT”函数计算的 $\chi^2_{0.1/2}(22-1)=32.670\,6$，$\chi^2_{1-0.1/2}(22-1)=11.591\,3$。总体方差 σ^2 的置信区间为：

$$\frac{(n-1)s^2}{\chi^2_{\alpha/2}}\leqslant\sigma^2\leqslant\frac{(n-1)s^2}{\chi^2_{1-\alpha/2}}\Rightarrow\frac{(22-1)\times 31^2}{32.670\,6}\leqslant\sigma^2\leqslant\frac{(22-1)\times 31^2}{11.591\,3}$$

标准差的置信区间为：$24.85\leqslant\sigma\leqslant 41.73$。

7.10　(1) 已知：$n=10$，$\alpha=0.05$，由 Excel 的“CHISQ. INV. RT”函数计算的 $\chi^2_{0.05/2}(10-1)=19.022\,8$，$\chi^2_{1-0.05/2}(10-1)=2.700\,4$。

根据样本数据计算得：$s^2=0.227\,2$。总体方差 σ^2 的置信区间为：

$$\frac{(n-1)s^2}{\chi^2_{\alpha/2}}\leqslant\sigma^2\leqslant\frac{(n-1)s^2}{\chi^2_{1-\alpha/2}}\Rightarrow\frac{(10-1)\times 0.227\,2}{19.022\,8}\leqslant\sigma^2\leqslant\frac{(10-1)\times 0.227\,2}{2.700\,4}$$

标准差的置信区间为：$0.11\leqslant\sigma\leqslant 0.87$。

(2) 根据样本数据计算得：$s^2=3.318\,3$。总体方差 σ^2 的置信区间为：

$$\frac{(n-1)s^2}{\chi^2_{\alpha/2}}\leqslant\sigma^2\leqslant\frac{(n-1)s^2}{\chi^2_{1-\alpha/2}}\Rightarrow\frac{(10-1)\times 3.318\,3}{19.022\,8}\leqslant\sigma^2\leqslant\frac{(10-1)\times 3.318\,3}{2.700\,4}$$

标准差的置信区间为：$1.57\leqslant\sigma\leqslant 3.33$。

(3) 第一种排队方式更好，因为它的离散程度小于第二种排队方式。

7.11　（1）由于两个样本均为独立大样本，σ_1^2 和 σ_2^2 未知。当 $\alpha=0.05$ 时，$z_{0.05/2}=1.96$。$\mu_1-\mu_2$ 的 95%的置信区间为：

$$(\bar{x}_1-\bar{x}_2)\pm z_{\alpha/2}\sqrt{\frac{s_1^2}{n_1}+\frac{s_2^2}{n_2}}=(25-23)\pm 1.96\times\sqrt{\frac{16}{100}+\frac{20}{100}}$$

$$=2\pm 1.176$$

即（0.824，3.176）。

（2）由于两个样本均为来自正态总体的独立小样本，当 σ_1^2 和 σ_2^2 未知但相等时，需要用两个样本的方差 s_1^2 和 s_2^2 来估计。总体方差的合并估计量 s_p^2 为：

$$s_p^2=\frac{(n_1-1)s_1^2+(n_2-1)s_2^2}{n_1+n_2-2}=\frac{(10-1)\times 16+(10-1)\times 20}{10+10-2}=18$$

当 $\alpha=0.05$ 时，$t_{0.05/2}(10+10-2)=2.101$。

$\mu_1-\mu_2$ 的 95%的置信区间为：

$$(\bar{x}_1-\bar{x}_2)\pm t_{\alpha/2}(n_1+n_2-2)\sqrt{s_p^2\left(\frac{1}{n_1}+\frac{1}{n_2}\right)}$$

$$=(25-23)\pm 2.101\times\sqrt{18\times\left(\frac{1}{10}+\frac{1}{10}\right)}=2\pm 3.986$$

即（−1.986，5.986）。

（3）由于两个样本均为来自正态总体的独立小样本，σ_1^2 和 σ_2^2 未知且不相等，$n_1=n_2=n$。当 $\alpha=0.05$ 时，$t_{0.05/2}(10+10-2)=2.101$。

$\mu_1-\mu_2$ 的 95%的置信区间为：

$$(\bar{x}_1-\bar{x}_2)\pm t_{\alpha/2}(n_1+n_2-2)\sqrt{\frac{s_1^2}{n_1}+\frac{s_2^2}{n_2}}$$

$$=(25-23)\pm 2.101\times\sqrt{\frac{16}{10}+\frac{20}{10}}=2\pm 3.986$$

即（−1.986，5.986）。

（4）由于两个样本均为来自正态总体的独立小样本，σ_1^2 和 σ_2^2 未知但相等，$n_1\neq n_2$。需要用两个样本的方差 s_1^2 和 s_2^2 来估计。总体方差的合并估计量 s_p^2 为：

$$s_p^2=\frac{(n_1-1)s_1^2+(n_2-1)s_2^2}{n_1+n_2-2}=\frac{(10-1)\times 16+(20-1)\times 20}{10+20-2}$$

$$=18.71$$

当 $\alpha=0.05$ 时，$t_{0.05/2}(10+20-2)=2.048$。因此，$\mu_1-\mu_2$ 的 95%的置信区间为：

$$(\bar{x}_1-\bar{x}_2)\pm t_{\alpha/2}(n_1+n_2-2)\sqrt{s_p^2\left(\frac{1}{n_1}+\frac{1}{n_2}\right)}$$

$$=(25-23)\pm 2.048\times\sqrt{18.71\times\left(\frac{1}{10}+\frac{1}{20}\right)}=2\pm 3.431$$

即（−1.431，5.431）。

（5）由于两个样本均为来自正态总体的独立小样本，σ_1^2 和 σ_2^2 未知且不相等，$n_1\neq n_2$。

因此，$\mu_1-\mu_2$ 的 95%的置信区间为：

$$(\bar{x}_1-\bar{x}_2)\pm t_{\alpha/2}(v)\sqrt{\frac{s_1^2}{n_1}+\frac{s_2^2}{n_2}}$$

自由度的计算如下：

$$v=\frac{\left(\frac{s_1^2}{n_1}+\frac{s_2^2}{n_2}\right)^2}{\frac{(s_1^2/n_1)^2}{n_1-1}+\frac{(s_2^2/n_2)^2}{n_2-1}}=\frac{\left(\frac{16}{10}+\frac{20}{20}\right)^2}{\frac{(16/10)^2}{10-1}+\frac{(20/20)^2}{20-1}}\approx 20$$

当 $\alpha=0.05$ 时，$t_{0.05/2}(20)=2.086$。

$\mu_1-\mu_2$ 的 95%的置信区间为：

$$(\bar{x}_1-\bar{x}_2)\pm t_{\alpha/2}(v)\sqrt{\frac{s_1^2}{n_1}+\frac{s_2^2}{n_2}}=(25-23)\pm 2.086\times\sqrt{\frac{16}{10}+\frac{20}{20}}$$
$$=2\pm 3.364$$

即（−1.364，5.364）。

7.12　（1）计算过程如下表：

配对号	样本 A	样本 B	差值 d	$(d-\bar{d})^2$
1	2	0	2	0.062 5
2	5	7	−2	14.062 5
3	10	6	4	5.062 5
4	8	5	3	1.562 5
合计	—	—	7	20.75

$$\bar{d}=\frac{7}{4}=1.75,\quad s_d=\sqrt{\frac{\sum_{i=1}^{n}(d_i-\bar{d})^2}{n_d-1}}=\sqrt{\frac{20.75}{4-1}}=2.63$$

（2）当 $\alpha=0.05$ 时，$t_{0.05/2}(4-1)=3.182$。两个样本之差 $\mu_d=\mu_1-\mu_2$ 的 95%的置信区间为：

$$\bar{d}\pm t_{\alpha/2}(n-1)\frac{s_d}{\sqrt{n}}=1.75\pm 3.182\times\frac{2.63}{\sqrt{4}}$$
$$=1.75\pm 4.18$$

即（−2.43，5.93）。

7.13　根据样本数据计算得：

$$\bar{d}=\frac{110}{10}=11,\quad s_d=\sqrt{\frac{\sum_{i=1}^{n}(d_i-\bar{d})^2}{n_d-1}}=\sqrt{\frac{384}{10-1}}=6.53$$

当 $\alpha=0.05$ 时，$t_{0.05/2}(10-1)=2.262$。两种方法平均自信心得分之差 $\mu_d=\mu_1-\mu_2$ 的 95%的置信区间为：

$$\bar{d} \pm t_{\alpha/2}(n-1)\frac{s_d}{\sqrt{n}} = 11 \pm 2.262 \times \frac{6.53}{\sqrt{10}}$$

$$= 11 \pm 4.67$$

即（6.33，15.67）。

7.14　（1）已知：$n_1 = n_2 = 250$，$p_1 = 40\%$，$p_2 = 30\%$，$\alpha = 0.1$，$z_{0.1/2} = 1.645$。

$\pi_1 - \pi_2$ 的 90%的置信区间为：

$$(p_1 - p_2) \pm z_{\alpha/2}\sqrt{\frac{p_1(1-p_1)}{n_1} + \frac{p_2(1-p_2)}{n_2}}$$

$$= (40\% - 30\%) \pm 1.645 \times \sqrt{\frac{40\% \times (1-40\%)}{250} + \frac{30\% \times (1-30\%)}{250}}$$

$$= 10\% \pm 6.98\%$$

即（3.02%，16.98%）。

（2）$\alpha = 0.05$，$z_{0.05/2} = 1.96$。$\pi_1 - \pi_2$ 的 95%的置信区间为：

$$(p_1 - p_2) \pm z_{\alpha/2}\sqrt{\frac{p_1(1-p_1)}{n_1} + \frac{p_2(1-p_2)}{n_2}}$$

$$= (40\% - 30\%) \pm 1.96 \times \sqrt{\frac{40\% \times (1-40\%)}{250} + \frac{30\% \times (1-30\%)}{250}}$$

$$= 10\% \pm 8.32\%$$

即（1.68%，18.32%）。

7.15　根据样本数据计算得：

$$s_1^2 = 0.058\ 375,\ s_2^2 = 0.005\ 846$$

当 $\alpha = 0.05$ 时，由 Excel 的“FINV”函数计算的 $F_{\alpha/2}(n_1-1,\ n_2-1) = F_{0.025}(20,\ 20) = 2.46$，$F_{1-\alpha/2}(n_1-1,\ n_2-1) = F_{0.95}(20,\ 20) = 0.41$。

两个总体方差比 σ_1^2/σ_2^2 的 95%的置信区间为：

$$\frac{s_1^2/s_2^2}{F_{\alpha/2}} \leqslant \frac{\sigma_1^2}{\sigma_2^2} \leqslant \frac{s_1^2/s_2^2}{F_{1-\alpha/2}} \Rightarrow \frac{0.058\ 375/0.005\ 846}{2.46} \leqslant \frac{\sigma_1^2}{\sigma_2^2} \leqslant \frac{0.058\ 375/0.005\ 846}{0.41}$$

$$4.06 \leqslant \frac{\sigma_1^2}{\sigma_2^2} \leqslant 24.35$$

7.16　已知：$\pi = 2\%$，$E = 4\%$，当 $\alpha = 0.05$ 时，$z_{0.05/2} = 1.96$。

应抽取的样本量为：

$$n = \frac{(z_{\alpha/2})^2 \pi(1-\pi)}{E^2} = \frac{1.96^2 \times 2\% \times (1-2\%)}{(4\%)^2} \approx 48$$

第 8 章 假设检验

一、学习指导

假设检验是推断统计的另一个重要内容，它是利用样本信息判断假设是否成立的一种统计方法。本章首先介绍有关假设检验的一些基本问题，然后介绍一个总体参数和两个总体参数的检验方法，最后介绍假设检验中的其他问题。本章各节的主要内容和学习要点总结在下面的表格中。

章节	主要内容	学习要点
8.1 假设检验的基本问题	假设问题的提出	▶ 概念：假设检验，原假设，备择假设。
	假设的表达式	▶ 假设的形式。 ▶ 针对具体的实际问题，建立合理的原假设和备择假设。
	两类错误	▶ 概念：第一类错误，第二类错误，显著性水平。 ▶ 两类错误的控制。 ▶ 两类错误的关系。
	假设检验的流程	▶ 利用统计量进行检验。 ▶ 统计量检验的决策准则。
	利用 P 值进行决策	▶ 概念：P 值。 ▶ P 值决策的原理，P 值的计算。 ▶ P 值决策的准则。
	单侧检验	▶ 概念：左单侧检验，右单侧检验。 ▶ 单侧检验的形式和假设的建立。
8.2 一个总体参数的检验	检验统计量的确定	▶ 总体方差 σ^2 已知时，均值检验的统计量。 ▶ 总体方差 σ^2 未知时，均值检验的统计量。
	总体均值的检验	▶ 总体标准差已知时总体均值的检验程序。 ▶ 总体标准差未知时总体均值的检验程序。 ▶ 用 Excel 计算 P 值。
	总体比例的检验	▶ 总体比例的检验程序。
	总体方差的检验	▶ 总体方差检验的统计量。 ▶ 总体方差检验的程序。

续表

章节	主要内容	学习要点
8.3 两个总体参数的检验	检验统计量的确定	▶ 总体方差、样本量与检验统计量的关系。
	两个总体均值之差的检验	▶ σ_1^2，σ_2^2 已知的检验程序。 ▶ σ_1^2，σ_2^2 未知，且 n 较小时的检验程序。 ▶ 用 Excel 进行检验。
	两个总体比例之差的检验	▶ 检验两个总体比例相等的假设。 ▶ 检验两个总体比例之差不为零的假设。
	两个总体方差比的检验	▶ 检验统计量。 ▶ 检验的程序。
	检验中的匹配样本	▶ 匹配样本的使用和检验程序。
8.4 检验问题的进一步说明	关于检验结果的解释	▶ 用置信区间进行检验的原理和方法。
	单侧检验中假设的建立	▶ 单侧检验时假设的建立方法。

二、主要公式

名称	公式
总体均值检验的统计量（正态总体，σ 已知）	$z=\dfrac{\bar{x}-\mu_0}{\sigma/\sqrt{n}}$
总体均值检验的统计量（σ 未知，大样本）	$z=\dfrac{\bar{x}-\mu_0}{s/\sqrt{n}}$
总体均值检验的统计量（正态总体，σ 未知，小样本）	$t=\dfrac{\bar{x}-\mu_0}{s/\sqrt{n}}$
总体比例检验的统计量	$z=\dfrac{p-\pi_0}{\sqrt{\dfrac{\pi_0(1-\pi_0)}{n}}}$
总体方差检验的统计量	$\chi^2=\dfrac{(n-1)s^2}{\sigma^2}$
两个总体均值之差检验的统计量（σ_1^2，σ_2^2 已知）	$z=\dfrac{(\bar{x}_1-\bar{x}_2)-(\mu_1-\mu_2)}{\sqrt{\dfrac{\sigma_1^2}{n_1}+\dfrac{\sigma_2^2}{n_2}}}$
两个总体均值之差检验的统计量（σ_1^2，σ_2^2 未知但相等，小样本）	$t=\dfrac{(\bar{x}_1-\bar{x}_2)-(\mu_1-\mu_2)}{s_p\sqrt{\dfrac{1}{n_1}+\dfrac{1}{n_2}}}\sim t(n_1+n_2-2)$
两个总体均值之差检验的统计量（σ_1^2，σ_2^2 未知且不相等，小样本）	$t=\dfrac{(\bar{x}_1-\bar{x}_2)-(\mu_1-\mu_2)}{\sqrt{\dfrac{s_1^2}{n_1}+\dfrac{s_2^2}{n_2}}}\sim t(f)$

续表

名称	公式
两个样本比例之差检验的统计量（检验两个总体比例相等的假设）	$z=\dfrac{p_1-p_2}{\sqrt{p(1-p)\left(\dfrac{1}{n_1}+\dfrac{1}{n_2}\right)}}$
两个样本比例之差检验的统计量（检验两个总体比例之差不为零的假设）	$z=\dfrac{(p_1-p_2)-(\pi_1-\pi_2)}{\sqrt{\dfrac{p_1(1-p_1)}{n_1}+\dfrac{p_2(1-p_2)}{n_2}}}$
两个样本方差比检验的统计量	$F=\dfrac{s_1^2/\sigma_1^2}{s_2^2/\sigma_2^2}$

三、选择题

1. 某厂生产的化纤纤度服从正态分布，纤维的纤度的标准均值为 1.40。某天测得 25 根纤维的纤度的均值 $\bar{x}=1.39$，检验与原来设计的标准均值相比是否有所变化，要求的显著性水平为 $\alpha=0.05$，则下列正确的假设形式是（　　）。

A. $H_0:\mu=1.40$；$H_1:\mu\neq 1.40$　　B. $H_0:\mu\leqslant 1.40$；$H_1:\mu>1.40$

C. $H_0:\mu<1.40$；$H_1:\mu\geqslant 1.40$　　D. $H_0:\mu\geqslant 1.40$；$H_1:\mu<1.40$

2. 某一贫困地区估计营养不良人数高达 20%，然而有人认为这个比例实际上还要高，要检验该说法是否正确，则假设形式为（　　）。

A. $H_0:\pi\leqslant 0.2$；$H_1:\pi>0.2$　　B. $H_0:\pi=0.2$；$H_1:\pi\neq 0.2$

C. $H_0:\pi\geqslant 0.3$；$H_1:\pi<0.3$　　D. $H_0:\pi\geqslant 0.3$；$H_1:\pi<0.3$

3. 一项新的减肥计划声称：在计划实施的第一周内，参加者的体重平均至少可以减轻 8 磅。随机抽取 40 位参加该项计划的样本，结果显示：样本的体重平均减少 7 磅，标准差为 3.2 磅，则其原假设和备择假设是（　　）。

A. $H_0:\mu\leqslant 8$；$H_1:\mu>8$　　B. $H_0:\mu\geqslant 8$；$H_1:\mu<8$

C. $H_0:\mu\leqslant 7$；$H_1:\mu>7$　　D. $H_0:\mu\geqslant 7$；$H_1:\mu<7$

4. 在假设检验中，不拒绝原假设意味着（　　）。

A. 原假设肯定是正确的　　B. 原假设肯定是错误的

C. 没有证据证明原假设是正确的　　D. 没有证据证明原假设是错误的

5. 在假设检验中，原假设和备择假设（　　）。

A. 都有可能成立

B. 都有可能不成立

C. 只有一个成立而且必有一个成立

D. 原假设一定成立，备择假设不一定成立

6. 在假设检验中，第一类错误是指（　　）。

A. 当原假设正确时拒绝原假设

B. 当原假设错误时拒绝原假设

C. 当备择假设正确时拒绝备择假设

D. 当备择假设不正确时未拒绝备择假设

7. 在假设检验中，第二类错误是指（　　）。

A. 当原假设正确时拒绝原假设

B. 当原假设错误时未拒绝原假设

C. 当备择假设正确时未拒绝备择假设

D. 当备择假设不正确时拒绝备择假设

8. 指出下列假设检验哪一个属于右侧检验（　　）。

A. $H_0:\mu=\mu_0$；$H_1:\mu\neq\mu_0$　　B. $H_0:\mu\geqslant\mu_0$；$H_1:\mu<\mu_0$

C. $H_0:\mu\leqslant\mu_0$；$H_1:\mu>\mu_0$　　D. $H_0:\mu>\mu_0$；$H_1:\mu\leqslant\mu_0$

9. 指出下列假设检验哪一个属于左侧检验（　　）。

A. $H_0:\mu=\mu_0$；$H_1:\mu\neq\mu_0$　　B. $H_0:\mu\geqslant\mu_0$；$H_1:\mu<\mu_0$

C. $H_0:\mu\leqslant\mu_0$；$H_1:\mu>\mu_0$　　D. $H_0:\mu>\mu_0$；$H_1:\mu\leqslant\mu_0$

10. 指出下列假设检验哪一个属于双侧检验（　　）。

A. $H_0:\mu=\mu_0$；$H_1:\mu\neq\mu_0$　　B. $H_0:\mu\geqslant\mu_0$；$H_1:\mu<\mu_0$

C. $H_0:\mu\leqslant\mu_0$；$H_1:\mu>\mu_0$　　D. $H_0:\mu>\mu_0$；$H_1:\mu\leqslant\mu_0$

11. 指出下列假设检验形式的写法哪一个是错误的（　　）。

A. $H_0:\mu=\mu_0$；$H_1:\mu\neq\mu_0$　　B. $H_0:\mu\geqslant\mu_0$；$H_1:\mu<\mu_0$

C. $H_0:\mu\leqslant\mu_0$；$H_1:\mu>\mu_0$　　D. $H_0:\mu>\mu_0$；$H_1:\mu\leqslant\mu_0$

12. 如果原假设 H_0 为真，所得到的样本结果会像实际观测结果那么极端或更极端的概率称为（　　）。

A. 临界值　　B. 统计量

C. P 值　　D. 事先给定的显著性水平

13. P 值越小（　　）。

A. 拒绝原假设的可能性越小　　B. 拒绝原假设的可能性越大

C. 拒绝备择假设的可能性越大　　D. 不拒绝备择假设的可能性越小

14. 对于给定的显著性水平 α，根据 P 值拒绝原假设的准则是（　　）。

A. $P=\alpha$　　B. $P<\alpha$　　C. $P>\alpha$　　D. $P=\alpha=0$

15. 在假设检验中，如果所计算出的 P 值越小，说明检验的结果（　　）。

A. 越显著　　B. 越不显著　　C. 越真实　　D. 越不真实

16. 在大样本情况下，检验总体均值所使用的统计量是（　　）。

A. $z=\dfrac{\bar{x}-\mu_0}{\sigma/n}$　　B. $z=\dfrac{\bar{x}-\mu_0}{\sigma^2/\sqrt{n}}$　　C. $t=\dfrac{\bar{x}-\mu_0}{s/\sqrt{n}}$　　D. $z=\dfrac{\bar{x}-\mu_0}{s/\sqrt{n}}$

17. 在小样本情况下，当总体方差未知时，检验总体均值所使用的统计量是（　　）。

A. $z=\frac{\bar{x}-\mu_0}{\sigma/n}$　　B. $z=\frac{\bar{x}-\mu_0}{\sigma^2/\sqrt{n}}$　　C. $t=\frac{\bar{x}-\mu_0}{s/\sqrt{n}}$　　D. $z=\frac{\bar{x}-\mu_0}{s/\sqrt{n}}$

18. 在小样本情况下，当总体方差已知时，检验总体均值所使用的统计量是（　　）。

A. $z=\frac{\bar{x}-\mu_0}{\sigma/n}$　　B. $z=\frac{\bar{x}-\mu_0}{\sigma^2/\sqrt{n}}$　　C. $t=\frac{\bar{x}-\mu_0}{s/\sqrt{n}}$　　D. $z=\frac{\bar{x}-\mu_0}{s/\sqrt{n}}$

19. 检验一个正态总体的方差时所使用的分布为（　　）。

A. 正态分布　　B. t 分布　　C. χ^2 分布　　D. F 分布

20. 一种零件的标准长度为 5cm，要检验某天生产的零件是否符合标准要求，建立的原假设和备择假设应为（　　）。

A. $H_0:\mu=5$；$H_1:\mu\neq5$　　B. $H_0:\mu\neq5$；$H_1:\mu=5$

C. $H_0:\mu\leqslant5$；$H_1:\mu>5$　　D. $H_0:\mu\geqslant5$；$H_1:\mu<5$

21. 一项研究表明，中学生中吸烟的比例高达 30%，为检验这一说法是否属实，建立的原假设和备择假设应为（　　）。

A. $H_0:\mu=30\%$；$H_1:\mu\neq30\%$　　B. $H_0:\pi=30\%$；$H_1:\pi\neq30\%$

C. $H_0:\pi\geqslant30\%$；$H_1:\pi<30\%$　　D. $H_0:\pi\leqslant30\%$；$H_1:\pi>30\%$

22. 一项研究表明，司机驾车时因接打手机而发生事故的比例超过 20%，用来检验这一结论的原假设和备择假设应为（　　）。

A. $H_0:\pi=20\%$；$H_1:\pi\neq20\%$　　B. $H_0:\pi\neq20\%$；$H_1:\pi=20\%$

C. $H_0:\pi\geqslant20\%$；$H_1:\pi<20\%$　　D. $H_0:\pi\leqslant20\%$；$H_1:\pi>20\%$

23. 某企业每月发生事故的平均次数为 5 次，企业准备制订一项新的安全生产计划，希望新计划能减少事故次数。用来检验这一计划有效性的原假设和备择假设应为（　　）。

A. $H_0:\mu=5$；$H_1:\mu\neq5$　　B. $H_0:\mu\neq5$；$H_1:\mu=5$

C. $H_0:\mu\leqslant5$；$H_1:\mu>5$　　D. $H_0:\mu\geqslant5$；$H_1:\mu<5$

24. 环保部门想检验餐馆一天所用的快餐盒平均是否超过 600 个，建立的原假设和备择假设应为（　　）。

A. $H_0:\mu=600$；$H_1:\mu\neq600$　　B. $H_0:\mu\neq600$；$H_1:\mu=600$

C. $H_0:\mu\leqslant600$；$H_1:\mu>600$　　D. $H_0:\mu\geqslant600$；$H_1:\mu<600$

25. 随机抽取一个 $n=100$ 的样本，计算得到 $\bar{x}=60$，$s=15$，要检验假设 $H_0:\mu=65$；$H_1:\mu\neq65$，检验的统计量为（　　）。

A. −3.33　　B. 3.33　　C. −2.36　　D. 2.36

26. 随机抽取一个 $n=50$ 的样本，计算得到 $\bar{x}=60$，$s=15$，要检验假设 $H_0:\mu=65$；$H_1:\mu\neq65$，检验的统计量为（　　）。

A. −3.33　　B. 3.33　　C. −2.36　　D. 2.36

27. 若检验的假设为 $H_0:\mu=\mu_0$；$H_1:\mu\neq\mu_0$，则拒绝域为（　　）。

A. $z>z_\alpha$　　B. $z<-z_\alpha$

C. $z>z_{\alpha/2}$ 或 $z<-z_{\alpha/2}$　　D. $z>z_\alpha$ 或 $z<-z_\alpha$

28. 若检验的假设为 $H_0:\mu\geqslant\mu_0$；$H_1:\mu<\mu_0$，则拒绝域为（　　）。

A. $z>z_\alpha$　　B. $z<-z_\alpha$

C. $z>z_{\alpha/2}$或 $z<-z_{\alpha/2}$　　D. $z>z_\alpha$或 $z<-z_\alpha$

29. 若检验的假设为 $H_0:\mu\leqslant\mu_0$；$H_1:\mu>\mu_0$，则拒绝域为（　　）。

A. $z>z_\alpha$　　B. $z<-z_\alpha$

C. $z>z_{\alpha/2}$或 $z<-z_{\alpha/2}$　　D. $z>z_\alpha$或 $z<-z_\alpha$

30. 设 z_c 为检验统计量的计算值，检验的假设为 $H_0:\mu\leqslant\mu_0$；$H_1:\mu>\mu_0$，当 $z_c=1.645$ 时，计算出的 P 值为（　　）。

A. 0.025　　B. 0.05　　C. 0.01　　D. 0.002 5

31. 设 z_c 为检验统计量的计算值，检验的假设为 $H_0:\mu\leqslant\mu_0$；$H_1:\mu>\mu_0$，当 $z_c=2.67$ 时，计算出的 P 值为（　　）。

A. 0.025　　B. 0.05　　C. 0.003 8　　D. 0.002 5

32. 一家汽车生产企业在广告中宣称“该公司的汽车可以保证在 2 年或24 000公里内无事故”，但该汽车的一个经销商认为保证“2 年”这一项是不必要的，因为汽车车主在 2 年内行驶的平均里程超过 24 000 公里。假定这位经销商要检验假设 $H_0:\mu\leqslant 24\ 000$；$H_1:\mu>24\ 000$，取显著性水平为$\alpha=0.01$，并假设为大样本，则此项检验的拒绝域为（　　）。

A. $z>2.33$　　B. $z<-2.33$　　C. $|z|>2.33$　　D. $z=2.33$

33. 一家汽车生产企业在广告中宣称“该公司的汽车可以保证在 2 年或24 000公里内无事故”，但该汽车的一个经销商认为保证“2 年”这一项是不必要的，因为汽车车主在 2 年内行驶的平均里程超过 24 000 公里。假定这位经销商要检验假设 $H_0:\mu\leqslant 24\ 000$；$H_1:\mu>24\ 000$，抽取容量 $n=32$ 个车主的一个随机样本，计算出两年行驶里程的平均值 $\bar{x}=24\ 517$ 公里，标准差为 $s=1\ 866$ 公里，计算出的检验统计量为（　　）。

A. $z=1.57$　　B. $z=-1.57$　　C. $z=2.33$　　D. $z=-2.33$

34. 由 49 个观测数据组成的随机样本得到的计算结果为$\sum x=50.3$，$\sum x^2=68$，取显著性水平 $\alpha=0.01$，检验假设 $H_0:\mu\geqslant 1.18$；$H_1:\mu<1.18$，得到的检验结论是（　　）。

A. 拒绝原假设　　B. 不拒绝原假设

C. 可以拒绝也可以不拒绝原假设　　D. 可能拒绝也可能不拒绝原假设

35. 一项研究发现，2000 年新购买小汽车的人中有 40%是女性，在 2005 年所作的一项调查中，随机抽取的 120 个新车主中有 57 人为女性，在 $\alpha=0.05$ 的显著性水平下，检验 2005 年新车主中女性的比例是否有显著增加，建立的原假设和备择假设为 $H_0:\pi\leqslant 40\%$；$H_1:\pi>40\%$，检验的结论是（　　）。

A. 拒绝原假设　　B. 不拒绝原假设

C. 可以拒绝也可以不拒绝原假设　　D. 可能拒绝也可能不拒绝原假设

36. 从一个二项总体中随机抽出一个 $n=125$ 的样本，得到 $p=0.73$，在 $\alpha=0.01$ 的显著性水平下，检验假设 $H_0:\pi=0.73$；$H_1:\pi\neq 0.73$，所得的结论是（　　）。

A. 拒绝原假设　　B. 不拒绝原假设

C. 可以拒绝也可以不拒绝原假设　　D. 可能拒绝也可能不拒绝原假设

37. 从正态总体中随机抽取一个 $n=25$ 的随机样本，计算得到 $\bar{x}=17$，$s^2=8$，假定 $\sigma_0^2=10$，要检验假设 $H_0:\sigma^2=\sigma_0^2$，则检验统计量的值为（　　）。

A. $\chi^2=19.2$　　B. $\chi^2=18.7$　　C. $\chi^2=30.38$　　D. $\chi^2=39.6$

38. 从正态总体中随机抽取一个 $n=10$ 的随机样本，计算得到 $\bar{x}=231.7$，$s=15.5$，假定 $\sigma_0^2=50$，在 $\alpha=0.05$ 的显著性水平下，检验假设 $H_0:\sigma^2\geqslant 20$；$H_1:\sigma^2<20$，得到的结论是（　　）。

A. 拒绝 H_0　　B. 不拒绝 H_0

C. 可以拒绝也可以不拒绝 H_0　　D. 可能拒绝也可能不拒绝 H_0

39. 一个制造商所生产的零件直径的方差本来是 0.001 56。后来为削减成本，采用了一种费用较低的生产方法。从新方法制造的零件中随机抽取 100 个作为样本，测得零件直径的方差为 0.002 11。在 $\alpha=0.05$ 的显著性水平下，检验假设 $H_0:\sigma^2\leqslant 0.001\,56$；$H_1:\sigma^2>0.001\,56$，得到的结论是（　　）。

A. 拒绝 H_0　　B. 不拒绝 H_0

C. 可以拒绝也可以不拒绝 H_0　　D. 可能拒绝也可能不拒绝 H_0

40. 容量为 3 升的橙汁容器上的标签标明，该种橙汁的脂肪含量的均值不超过 1 克，在对标签上的说明进行检验时，建立的原假设和备择假设为 $H_0:\mu\leqslant 1$；$H_1:\mu>1$，该检验所犯的第一类错误是（　　）。

A. 实际情况是 $\mu\geqslant 1$，检验认为 $\mu>1$

B. 实际情况是 $\mu\leqslant 1$，检验认为 $\mu<1$

C. 实际情况是 $\mu\geqslant 1$，检验认为 $\mu<1$

D. 实际情况是 $\mu\leqslant 1$，检验认为 $\mu>1$

41. 随机抽取一个 $n=40$ 的样本，得到 $\bar{x}=16.5$，$s=7$。在 $\alpha=0.02$ 的显著性水平下，检验假设 $H_0:\mu\leqslant 15$；$H_1:\mu>15$，统计量的临界值为（　　）。

A. $z=-2.05$　　B. $z=2.05$　　C. $z=1.96$　　D. $z=-1.96$

42. 一项调查表明，5 年前每个家庭每天看电视的平均时间为 6.7 小时。而最近对 200 个家庭的调查结果是：每个家庭每天看电视的平均时间为 7.25 小时，标准差为 2.5 小时。在 $\alpha=0.05$ 的显著性水平下，检验假设 $H_0:\mu\leqslant 6.7$；$H_1:\mu>6.7$，得到的结论为（　　）。

A. 拒绝 H_0　　B. 不拒绝 H_0

C. 可以拒绝也可以不拒绝 H_0　　D. 可能拒绝也可能不拒绝 H_0

43. 检验假设 $H_0:\mu\leqslant 50$；$H_1:\mu>50$，随机抽取一个 $n=16$ 的样本，得到的统计量的值为 $t=1.341$，在 $\alpha=0.05$ 的显著性水平下，得到的结论是（　　）。

A. 拒绝 H_0　　B. 不拒绝 H_0

C. 可以拒绝也可以不拒绝 H_0　　D. 可能拒绝也可能不拒绝 H_0

44. 在某个城市，家庭每天的平均消费额为 90 元，从该城市中随机抽取 15 个家庭组成一个随机样本，得到样本均值为84.50元，标准差为14.50元。在$\alpha=0.05$的显著性水平下，检验假设$H_0:\mu=90$；$H_1:\mu\neq90$，得到的结论是（　　）。

A. 拒绝H_0　　B. 不拒绝H_0

C. 可以拒绝也可以不拒绝H_0　　D. 可能拒绝也可能不拒绝H_0

45. 航空服务公司规定，销售一张机票的平均时间为2分钟。由10名顾客购买机票所用的时间（分钟）组成的一个随机样本，结果为：1.9，1.7，2.8，2.4，2.6，2.5，2.8，3.2，1.6，2.5。在$\alpha=0.05$的显著性水平下，检验平均售票时间是否超过2分钟，得到的结论是（　　）。

A. 拒绝H_0　　B. 不拒绝H_0

C. 可以拒绝也可以不拒绝H_0　　D. 可能拒绝也可能不拒绝H_0

46. 检验假设$H_0:\pi=0.2$；$H_1:\pi\neq0.2$，由$n=200$组成的一个随机样本，得到样本比例为$p=0.175$。用于检验的P值为0.211 2，在$\alpha=0.05$的显著性水平下，得到的结论是（　　）。

A. 拒绝H_0　　B. 不拒绝H_0

C. 可以拒绝也可以不拒绝H_0　　D. 可能拒绝也可能不拒绝H_0

47. 如果能够证明某一电视剧在播出的头13周其观众收视率超过了25%，则可以断定它获得了成功。假定由400个家庭组成的一个随机样本中，有112个家庭看过该电视剧，在$\alpha=0.01$的显著性水平下，检验结果的P值为（　　）。

A. 0.053 8　　B. 0.063 8　　C. 0.073 8　　D. 0.083 8

48. 检验两个总体的方差比时所使用的分布为（　　）。

A. 正态分布　　B. t分布　　C. χ^2分布　　D. F分布

49. 从均值为μ_1和μ_2的两个总体中，随机抽取两个大样本（$n>30$），在$\alpha=0.01$的显著性水平下，要检验假设$H_0:\mu_1-\mu_2=0$；$H_1:\mu_1-\mu_2\neq0$，则拒绝域为（　　）。

A. $|z|>2.58$　　B. $z>2.58$

C. $z<-2.58$　　D. $|z|>1.645$

50. 从均值为μ_1和μ_2的两个总体中，抽取两个独立的随机样本，有关结果如下表：

样本1	样本2
$n_1=40$	$n_2=60$
$\bar{x}_1=7$	$\bar{x}_2=6$
$s_1=3$	$s_2=1$

在$\alpha=0.05$的显著性水平下，要检验假设$H_0:\mu_1-\mu_2=0$；$H_1:\mu_1-\mu_2\neq0$，得到的结论是（　　）。

A. 拒绝H_0　　B. 不拒绝H_0

C. 可以拒绝也可以不拒绝H_0　　D. 可能拒绝也可能不拒绝H_0

51. 从均值为μ_1和μ_2的两个总体中，抽取两个独立的随机样本，有关结果如下表：

样本 1	样本 2
$n_1=40$ $\bar{x}_1=7$ $s_1=3$	$n_2=60$ $\bar{x}_2=6$ $s_2=1$

在 $\alpha=0.05$ 的显著性水平下，要检验假设 $H_0:\mu_1-\mu_2=0.5$；$H_1:\mu_1-\mu_2\neq 0.5$，得到的结论是（　　）。

A. 拒绝 H_0　　B. 不拒绝 H_0

C. 可以拒绝也可以不拒绝 H_0　　D. 可能拒绝也可能不拒绝 H_0

52. 根据两个随机样本，计算得到 $s_1^2=1.75$，$s_2^2=1.23$，要检验假设 $H_0:\frac{\sigma_1^2}{\sigma_2^2}\leqslant 1$；$H_1:\frac{\sigma_1^2}{\sigma_2^2}>1$，则检验统计量的 F 值为（　　）。

A. 1.42　　B. 1.52　　C. 1.62　　D. 1.72

53. 一项研究表明，男性和女性对产品质量的评估角度有所不同。在对某一产品的质量评估中，被调查的 500 个女性中有 58%对该产品的评分等级是“高”，而被调查的 500 个男性中给同样评分的却只有 43%。要检验对该产品的质量评估中，女性评高分的比例是否超过男性（π_1 为女性的比例，π_2 为男性的比例）。用来检验的原假设和备择假设为（　　）。

A. $H_0:\pi_1-\pi_2\leqslant 0$；$H_1:\pi_1-\pi_2>0$

B. $H_0:\pi_1-\pi_2\geqslant 0$；$H_1:\pi_1-\pi_2<0$

C. $H_0:\pi_1-\pi_2=0$；$H_1:\pi_1-\pi_2\neq 0$

D. $H_0:\pi_1-\pi_2\neq 0$；$H_1:\pi_1-\pi_2=0$

54. 一项研究表明，男性和女性对产品质量的评估角度有所不同。在对某一产品的质量评估中，被调查的 500 个女性中有 58%对该产品的评分等级是“高”，而被调查的 500 个男性中给同样评分的却只有 43%。要检验对该产品的质量评估中，女性评高分的比例是否超过男性（π_1 为女性的比例，π_2 为男性的比例）。在 $\alpha=0.01$ 的显著性水平下，检验假设 $H_0:\pi_1-\pi_2\leqslant 0$；$H_1:\pi_1-\pi_2>0$，得到的结论是（　　）。

A. 拒绝 H_0　　B. 不拒绝 H_0

C. 可以拒绝也可以不拒绝 H_0　　D. 可能拒绝也可能不拒绝 H_0

55. 抽自两个总体的独立随机样本提供的信息如下表：

样本 1	样本 2
$n_1=80$ $\bar{x}_1=104$ $s_1=8.4$	$n_2=70$ $\bar{x}_2=106$ $s_2=7.6$

在 $\alpha=0.05$ 的显著性水平下，检验假设 $H_0:\mu_1-\mu_2=0$；$H_1:\mu_1-\mu_2\neq 0$，得到的结论是（　　）。

A. 拒绝 H_0　　B. 不拒绝 H_0

C. 可以拒绝也可以不拒绝 H_0　　D. 可能拒绝也可能不拒绝 H_0

56. 抽自两个超市的顾客独立随机样本，得到他们对超市服务质量的评分结果如下表：

超市 1	超市 2
$n_1=50$	$n_2=50$
$\bar{x}_1=6.34$	$\bar{x}_2=6.72$
$s_1=2.163$	$s_2=2.374$

在 $\alpha=0.05$ 的显著性水平下，检验假设 $H_0:\mu_1-\mu_2\geqslant 0$；$H_1:\mu_1-\mu_2<0$，得到的结论是（　　）。

A. 拒绝 H_0　　B. 不拒绝 H_0

C. 可以拒绝也可以不拒绝 H_0　　D. 可能拒绝也可能不拒绝 H_0

57. 在对两个广告效果的电视评比中，每个广告在一周的时间内播放 6 次，然后要求看过广告的人陈述广告的内容，记录的资料如下表：

广告	看过广告的人数	回想起主要内容的人数
A	150	63
B	200	60

在 $\alpha=0.05$ 的显著性水平下，检验对两个广告的回想比例没有差别，即检验假设 $H_0:\pi_1-\pi_2=0$；$H_1:\pi_1-\pi_2\neq 0$，得到的结论是（　　）。

A. 拒绝 H_0　　B. 不拒绝 H_0

C. 可以拒绝也可以不拒绝 H_0　　D. 可能拒绝也可能不拒绝 H_0

58. 在一项涉及 1 602 名儿童的流感疫苗试验中，接种疫苗的 1 070 人中只有 14 人患了流感，而接种安慰剂的 532 名儿童中有 98 人患了流感。在 $\alpha=0.05$ 的显著性水平下，检验"疫苗减少了儿童患流感的可能性"，即检验假设 $H_0:\pi_1-\pi_2\geqslant 0$；$H_1:\pi_1-\pi_2<0$，得到的结论是（　　）。

A. 拒绝 H_0　　B. 不拒绝 H_0

C. 可以拒绝也可以不拒绝 H_0　　D. 可能拒绝也可能不拒绝 H_0

59. 在一项犯罪研究中，收集到 2000 年的犯罪数据。在那些被判纵火罪的罪犯中，有 50 人是酗酒者，43 人不喝酒；在那些被判诈骗罪的罪犯中，有 63 人是酗酒者，144 人不喝酒。在 $\alpha=0.01$ 的显著性水平下，检验"纵火犯中酗酒者的比例高于诈骗犯中酗酒者的比例"，建立的原假设和备择假设是（　　）。

A. $H_0:\pi_1-\pi_2\geqslant 0$；$H_1:\pi_1-\pi_2<0$　　B. $H_0:\pi_1-\pi_2\leqslant 0$；$H_1:\pi_1-\pi_2>0$

C. $H_0:\pi_1-\pi_2=0$；$H_1:\pi_1-\pi_2\neq 0$　　D. $H_0:\pi_1-\pi_2<0$；$H_1:\pi_1-\pi_2\geqslant 0$

60. 来自总体 1 的一个容量为 16 的样本的方差 $s_1^2=5.8$，来自总体 2 的一个容量为 20 的样本的方差 $s_2^2=2.4$。在 $\alpha=0.05$ 的显著性水平下，检验假设 $H_0:\sigma_1^2\leqslant\sigma_2^2$；$H_1:\sigma_1^2>\sigma_2^2$，得

到的结论是（　　）。

A. 拒绝 H_0　　B. 不拒绝 H_0

C. 可以拒绝也可以不拒绝 H_0　　D. 可能拒绝也可能不拒绝 H_0

61. 一个研究的假设是：湿路上汽车刹车距离的方差显著大于干路上汽车刹车距离的方差。在调查中，以同样速度行驶的 16 辆汽车分别在湿路上和干路上检测刹车距离。在湿路上刹车距离的标准差为 32 米，在干路上的标准差是 16 米。用于检验的原假设和备择假设是（　　）。

A. $H_0:\sigma_1^2/\sigma_2^2\leqslant 1$；$H_1:\sigma_1^2/\sigma_2^2>1$　　B. $H_0:\sigma_1^2/\sigma_2^2\geqslant 1$；$H_1:\sigma_1^2/\sigma_2^2<1$

C. $H_0:\sigma_1^2/\sigma_2^2=1$；$H_1:\sigma_1^2/\sigma_2^2\neq 1$　　D. $H_0:\sigma_1^2/\sigma_2^2<1$；$H_1:\sigma_1^2/\sigma_2^2\geqslant 1$

62. 一个研究的假设是：湿路上汽车刹车距离的方差显著大于干路上汽车刹车距离的方差。在调查中，以同样速度行驶的 16 辆汽车分别在湿路上和干路上检测刹车距离。在湿路上刹车距离的标准差为 32 米，在干路上的标准差是 16 米。在 $\sigma=0.05$ 的显著性水平下，检验假设 $H_0:\sigma_1^2/\sigma_2^2\leqslant 1$；$H_1:\sigma_1^2/\sigma_2^2>1$，得到的结论是（　　）。

A. 拒绝 H_0　　B. 不拒绝 H_0

C. 可以拒绝也可以不拒绝 H_0　　D. 可能拒绝也可能不拒绝 H_0

四、选择题答案

1. A	2. A	3. B	4. D	5. C	6. A
7. B	8. C	9. B	10. A	11. D	12. C
13. B	14. B	15. A	16. D	17. C	18. A
19. C	20. A	21. B	22. D	23. D	24. C
25. A	26. C	27. C	28. B	29. A	30. B
31. C	32. A	33. A	34. B	35. A	36. B
37. A	38. B	39. A	40. D	41. B	42. A
43. B	44. B	45. A	46. B	47. D	48. D
49. A	50. A	51. B	52. A	53. A	54. A
55. B	56. B	57. A	58. A	59. B	60. A
61. A	62. A				

五、教材练习题详细解答

8.1　$H_0:\mu=4.55$；$H_1:\mu\neq 4.55$

$$Z=\frac{4.484-4.55}{0.108/\sqrt{9}}=-1.833<Z_{0.025},\quad P=0.0668$$

不能拒绝原假设。

8.2　$H_0: \mu \geqslant 700$；$H_1: \mu < 700$

$$Z = \frac{680 - 700}{60/\sqrt{36}} = -2 < Z_{0.05}, \quad P = 0.022\ 75$$

拒绝原假设。

8.3　$H_0: \mu \leqslant 250$；$H_1: \mu > 250$

$$Z = \frac{270 - 250}{30/\sqrt{25}} = 3.33 > Z_{0.05}, \quad P = 0.000\ 43$$

拒绝原假设。

8.4　$H_0: \mu = 100$；$H_1: \mu \neq 100$

$$\bar{x} = 99.978, \quad s = 1.212\ 2, \quad t = \frac{99.978 - 100}{1.212\ 2/\sqrt{9}} = -0.054 < t_{0.025}(99)$$

$$P = 0.962\ 12$$

不能拒绝原假设。

8.5　$H_0: \pi \leqslant 5\%$；$H_1: \pi > 5\%$

$$Z = \frac{\frac{6}{50} - 5\%}{\sqrt{\frac{5\% \times (1 - 5\%)}{50}}} = 2.27 > Z_{0.05}, \quad P = 0.011\ 604$$

拒绝原假设。

8.6　$H_0: \mu \leqslant 25\ 000$；$H_1: \mu > 25\ 000$

$$t = \frac{27\ 000 - 25\ 000}{5\ 000/\sqrt{15}} = 1.549 < t_{0.05}(14)$$

不能拒绝原假设。

8.7　$H_0: \mu \leqslant 225$；$H_1: \mu > 225$

$$\bar{x} = 241.6, \quad s = 598.7$$

$$t = \frac{241.6 - 225}{598.7/\sqrt{16}} = 0.110\ 9 < t_{0.05}(15), \quad P = 0.071\ 84$$

不能拒绝原假设。

8.8　$\bar{x} = 63$，$s = 14.69$

$$\chi^2 = \frac{(9-1) \times 14.69^2}{100} = 17.26 > \chi^2_{0.05}(8)$$

拒绝原假设。

8.9　$H_0: \mu_A - \mu_B = 0$；$H_1: \mu_A - \mu_B \neq 0$

$$\mu = \frac{1\ 070 - 1\ 020 - 0}{\sqrt{\frac{63^2}{81} + \frac{57^2}{64}}} = 5.005 > Z_{0.025}$$

拒绝原假设。

8.10　$H_0:\mu_A-\mu_B=0$；$H_1:\mu_A-\mu_B\neq 0$

$$\bar{x}_A=31.75,\quad s_A=3.1944$$

$$\bar{x}_B=28.67,\quad s_B=2.462$$

$$s_P^2=\frac{(12-1)s_A^2+(12-1)s_B^2}{12+12-2}=8.1328$$

$$t=\frac{31.75-28.67-0}{\sqrt{8.1328}\times\sqrt{\frac{1}{12}+\frac{1}{12}}}=4.19>t_{0.25}(12+12-2)$$

拒绝原假设。

8.11　$H_0:\pi_1-\pi_2\leqslant 0$；$H_1:\pi_1-\pi_2>0$

$$Z=\frac{\left(\frac{43}{205}-\frac{13}{134}\right)-0}{\sqrt{\frac{\frac{43}{205}\times\frac{205-43}{205}}{205}+\frac{\frac{13}{134}\times\frac{134-13}{134}}{134}}}=2.95>Z_{0.05}$$

拒绝原假设。

8.12　$H_0:\mu\leqslant 60$；$H_1:\mu>60$

$$Z=\frac{68.1-60}{45/\sqrt{144}}=2.16<Z_{0.01},\quad P=0.0154$$

不能拒绝原假设。

8.13　$H_0:\pi_1-\pi_2\geqslant 0$；$H_1:\pi_1-\pi_2<0$

$$Z=\frac{\left(\frac{104}{11\,000}-\frac{189}{11\,000}\right)-0}{\sqrt{\frac{\frac{104}{11\,000}\times\frac{11\,000-104}{11\,000}}{11\,000}+\frac{\frac{189}{11\,000}\times\frac{11\,000-189}{11\,000}}{11\,000}}}$$

$$=-5.002<-Z_{0.05}$$

拒绝原假设。

8.14　(1)$H_0:\sigma^2=0.03$；$H_1:\sigma^2\neq 0.03$

$$\chi^2=\frac{(80-1)\times 0.0375}{0.03}=98.75<\chi^2_{0.05/2}(79)=106.6$$

不能拒绝原假设，说明方差与规定无明显差异。

(2)$H_0:\mu=7.0$；$H_1:\mu\neq 7.0$

$$Z=\frac{6.97-7}{\sqrt{0.03}/\sqrt{80}}=-1.549<Z_{0.0025}$$

不能拒绝原假设。

8.15　(1)$H_0:\sigma_1^2=\sigma_2^2$；$H_1:\sigma_1^2\neq\sigma_2^2$

$$F=\frac{s_1^2}{s_2^2}=1.143,\quad F_{0.01}(24,15)=3.29$$

$$F_{0.99}(24,15)=\frac{1}{F_{0.01}(15,24)}=\frac{1}{2.89}=0.346$$

$$F_{0.99}(24,15)<F<F_{0.01}(24,15)$$

不能拒绝原假设，说明两个总体方差无明显差异。

(2) $H_0:\mu_A-\mu_B=0$；$H_1:\mu_A-\mu_B\neq 0$

$$s_P^2=\frac{(25-1)s_A^2+(16-1)s_B^2}{25+16-2}=53.31$$

$$t=\frac{82-78-0}{\sqrt{53.31}\times\sqrt{\frac{1}{25}+\frac{1}{16}}}=1.71<t_{0.01}(39)$$

不能拒绝原假设。

第9章 分类数据分析

一、学习指导

列联分析是利用列联表来分析变量之间关系的一种统计方法。本章首先介绍列联表的构造和列联表的分布，然后介绍拟合优度检验和列联表中的相关测量，最后介绍列联表分析中应注意的问题。本章各节的主要内容和学习要点总结在下面的表格中。

章节	主要内容	学习要点
9.1 分类数据与 χ^2 统计量	分类数据	▶ 分类数据。
9.1 分类数据与 χ^2 统计量	χ^2 统计量	▶ χ^2 统计量的形式。 ▶ χ^2 统计量的计算。
9.2 拟合优度检验	拟合优度检验	▶ 概念：拟合优度检验。 ▶ 拟合优度检验的方法。 ▶ 用 Excel 计算 P 值。
9.3 列联分析：独立性检验	列联表	▶ 列联表的形式。
9.3 列联分析：独立性检验	独立性检验	▶ 独立性检验的方法。
9.4 列联表中的相关测量	φ 相关系数	▶ φ 相关系数的计算。 ▶ φ 相关系数的意义和解释。
9.4 列联表中的相关测量	列联相关系数	▶ 列联相关系数的计算。 ▶ 列联相关系数的意义和解释。
9.4 列联表中的相关测量	V 相关系数	▶ V 相关系数的计算。 ▶ V 相关系数的意义和解释。 ▶ φ 相关系数、列联相关系数和 V 相关系数的区别。
9.5 列联分析中应注意的问题	条件百分比表的方向	▶ 列联表中变量的安排。
9.5 列联分析中应注意的问题	χ^2 分布的期望值准则	▶ 应用 χ^2 分布的条件。

二、主要公式

名称	公式
χ^2 统计量	$\chi^2=\sum\frac{(f_o-f_e)^2}{f_e}$
φ 相关系数	$\varphi=\sqrt{\chi^2/n}$
列联相关系数	$c=\sqrt{\frac{\chi^2}{\chi^2+n}}$
V 相关系数	$V=\sqrt{\frac{\chi^2}{n\times\min[(R-1),(C-1)]}}$

三、选择题

1. 列联分析是利用列联表来研究（　　）。

A. 两个分类变量的关系

B. 两个数值变量的关系

C. 一个分类变量和一个数值变量的关系

D. 两个数值变量的分布

2. 设 R 为列联表的行数，C 为列联表的列数，则 χ^2 分布的自由度为（　　）。

A. R　　B. C

C. RC　　D. $(R-1)(C-1)$

3. 列联表中的每个变量（　　）。

A. 只能有一个类别　　B. 只能有两个类别

C. 可以有两个或两个以上的类别　　D. 只能有三个类别

4. 一所大学准备采取一项学生在宿舍上网收费的措施，为了解男女学生对这一措施的看法，分别抽取了 150 名男学生和 120 名女学生进行调查，得到的结果如下：

	男学生	女学生	合计
赞成	45	42	87
反对	105	78	183
合计	150	120	270

这个表格是（　　）。

A. 4×4 列联表　　B. 2×2 列联表

C. 2×3 列联表　　D. 2×4 列联表

5. 一所大学准备采取一项学生在宿舍上网收费的措施，为了解男女学生对这一措施的看法，分别抽取了 150 名男学生和 120 名女学生进行调查，得到的结果如下：

	男学生	女学生	合计
赞成	45	42	87
反对	105	78	183
合计	150	120	270

这个列联表的最右边一列称为（　　）。

A. 列边缘频数　　B. 行边缘频数

C. 条件频数　　D. 总频数

6. 一所大学准备采取一项学生在宿舍上网收费的措施，为了解男女学生对这一措施的看法，分别抽取了 150 名男学生和 120 名女学生进行调查，得到的结果如下：

	男学生	女学生	合计
赞成	45	42	87
反对	105	78	183
合计	150	120	270

这个列联表的最下边一行称为（　　）。

A. 列边缘频数　　B. 行边缘频数

C. 条件频数　　D. 总频数

7. 一所大学准备采取一项学生在宿舍上网收费的措施，为了解男女学生对这一措施的看法，分别抽取了 150 名男学生和 120 名女学生进行调查，得到的结果如下：

	男学生	女学生	合计
赞成	45	42	87
反对	105	78	183
合计	150	120	270

根据这个列联表计算的赞成上网收费的行百分比分别为（　　）。

A. 51.7%和 48.3%　　B. 57.4%和 42.6%

C. 30%和 70%　　D. 35%和 65%

8. 一所大学准备采取一项学生在宿舍上网收费的措施，为了解男女学生对这一措施的看法，分别抽取了 150 名男学生和 120 名女学生进行调查，得到的结果如下：

	男学生	女学生	合计
赞成	45	42	87
反对	105	78	183
合计	150	120	270

根据这个列联表计算的男学生的列百分比分别为（　　）。

A. 51.7%和48.3%　　B. 57.4%和42.6%

C. 30%和70%　　D. 35%和65%

9. 一所大学准备采取一项学生在宿舍上网收费的措施，为了解男女学生对这一措施的看法，分别抽取了150名男学生和120名女学生进行调查，得到的结果如下：

	男学生	女学生	合计
赞成	45	42	87
反对	105	78	183
合计	150	120	270

根据这个列联表计算的男女学生赞成上网收费的期望频数分别为（　　）。

A. 48和39　　B. 102和81

C. 15和14　　D. 25和19

10. 一所大学准备采取一项学生在宿舍上网收费的措施，为了解男女学生对这一措施的看法，分别抽取了150名男学生和120名女学生进行调查，得到的结果如下：

	男学生	女学生	合计
赞成	45	42	87
反对	105	78	183
合计	150	120	270

根据这个列联表计算的男女学生反对上网收费的期望频数分别为（　　）。

A. 48和39　　B. 102和81　　C. 15和14　　D. 25和19

11. 一所大学准备采取一项学生在宿舍上网收费的措施，为了解男女学生对这一措施的看法，分别抽取了150名男学生和120名女学生进行调查，得到的结果如下：

	男学生	女学生
赞成		
观察值	45	42
期望值	48	39
反对		
观察值	105	78
期望值	102	81

根据这个列联表计算的 χ^2 统计量为（　　）。

A. 0.617 6　　B. 1.617 6

C. 0.308 8　　D. 1.308 8

12. 一所大学准备采取一项学生在宿舍上网收费的措施，为了解男女学生对这一措施的看法，分别抽取了 150 名男学生和 120 名女学生进行调查，得到的结果如下：

	男学生	女学生	合计
赞成	45	42	87
反对	105	78	183
合计	150	120	270

如果要检验男女学生对上网收费的看法是否相同，提出的原假设为（　　）。

A. $H_0:\pi_1=\pi_2=270$　　B. $H_0:\pi_1=\pi_2=87$

C. $H_0:\pi_1=\pi_2=150$　　D. $H_0:\pi_1=\pi_2=0.3222$

13. 一所大学准备采取一项学生在宿舍上网收费的措施，为了解男女学生对这一措施的看法，分别抽取了 150 名男学生和 120 名女学生进行调查，得到的结果如下：

	男学生	女学生	合计
赞成	45	42	87
反对	105	78	183
合计	150	120	270

如果要检验男女学生对上网收费的看法是否相同，即检验假设 $H_0:\pi_1=\pi_2=0.3222$，χ^2 检验统计量的自由度是（　　）。

A. 1　　B. 2　　C. 3　　D. 4

14. 一所大学准备采取一项学生在宿舍上网收费的措施，为了解男女学生对这一措施的看法，分别抽取了 150 名男学生和 120 名女学生进行调查，得到的结果如下：

	男学生	女学生	合计
赞成	45	42	87
反对	105	78	183
合计	150	120	270

如果根据显著性水平 $\alpha=0.05$，检验男女学生对上网收费的看法是否相同，即检验假设 $H_0:\pi_1=\pi_2=0.3222$，得出的结论是（　　）。

A. 拒绝原假设　　B. 不拒绝原假设

C. 可以拒绝也可以不拒绝原假设　　D. 可能拒绝也可能不拒绝原假设

15. φ 相关系数是描述两个分类变量之间相关程度的一个统计量，它主要用于（　　）。

A. 2×2 列联表数据　　B. 2×3 列联表数据
C. 3×3 列联表数据　　D. 3×4 列联表数据

16. φ 相关系数的取值范围是（　　）。
A. [0，1]　　B. [−1，0]　　C. [−1，1]　　D. 大于 1

17. 如果两个分类变量之间存在完全相关关系，则 φ 相关系数的取值为（　　）。
A. 0　　B. 小于 1　　C. 大于 1　　D. $|\varphi|=1$

18. 当 $|\varphi|=1$ 时，2×2 列联表中某个方向对角线上的值必须（　　）。
A. 全等于 0　　B. 全大于 0　　C. 全等于 1　　D. 全小于 1

19. 一所大学准备采取一项学生在宿舍上网收费的措施，为了解男女学生对这一措施的看法，分别抽取了 150 名男学生和 120 名女学生进行调查，得到的结果如下：

	男学生	女学生	合计
赞成	45	42	87
反对	105	78	183
合计	150	120	270

如果学生的性别与对上网收费的看法没有任何关系，则 φ 相关系数（　　）。
A. 等于 0　　B. 大于 0　　C. 等于 1　　D. 小于 1

20. 一所大学准备采取一项学生在宿舍上网收费的措施，为了解男女学生对这一措施的看法，分别抽取了 150 名男学生和 120 名女学生进行调查，得到的结果如下：

	男学生	女学生	合计
赞成	45	42	87
反对	105	78	183
合计	150	120	270

如果根据上述列联表计算的相关系数 $|\varphi|=1$，则表明（　　）。
A. 男学生全部赞成，女学生全部反对
B. 男学生和女学生全部赞成
C. 男学生和女学生全部反对
D. 男学生全部赞成，女学生全部反对；或者男学生全部反对，女学生全部赞成

21. 一所大学准备采取一项学生在宿舍上网收费的措施，为了解男女学生对这一措施的看法是否相同，分别抽取了 150 名男学生和 120 名女学生进行调查，得到的结果如下：

	男学生	女学生	合计
赞成	45	42	87
反对	105	78	183
合计	150	120	270

根据上述列联表计算的 φ 相关系数为（　　）。

A. 0.053 2　　B. −0.053 2　　C. 0.372 2　　D. −0.372 2

22. 当列联表中的两个变量相互独立时，计算的列联相关系数 c（　　）。

A. 等于 1　　B. 大于 1　　C. 等于 0　　D. 小于 0

23. 对于同一个列联表计算的 c 系数和 φ 系数，其结果是（　　）。

A. c 值必然大于 φ 值　　B. c 值必然等于 φ 值

C. c 值必然小于 φ 值　　D. c 值可能小于 φ 值

24. 利用 χ^2 分布进行独立性检验，要求样本容量必须足够大，特别是每个单元中的期望频数 f_e 不能过小。如果只有两个单元，每个单元的期望频数必须（　　）。

A. 等于或大于 1　　B. 等于或大于 2

C. 等于或大于 5　　D. 等于或大于 10

25. 如果列联表有两个以上的单元，不能应用 χ^2 检验的条件是（　　）。

A. 20%的单元期望频数 f_e 大于 5

B. 20%的单元期望频数 f_e 小于 5

C. 10%的单元期望频数 f_e 大于 5

D. 10%的单元期望频数 f_e 小于 5

四、选择题答案

1. A	2. D	3. C	4. B	5. B	6. A
7. A	8. C	9. A	10. B	11. A	12. D
13. A	14. B	15. A	16. A	17. D	18. A
19. A	20. D	21. D	22. C	23. C	24. C
25. B					

五、教材练习题详细解答

9.1　(1) $H_0:\pi_1=\pi_2=\pi_3=\pi_4$；$H_1:\pi$，$\pi_2$，$\pi_3$，$\pi_4$ 不完全相等。

(2) $\chi^2=\sum\frac{(f_o-f_e)^2}{f_e}=\sum_{i=1}^{3}\sum_{j=1}^{4}\frac{(f_{ij}-n\times P_{i.}\times P_{.j})^2}{n\times P_{i.}\times P_{.j}}=17.626>\chi^2(2\times3)$

(3) 拒绝原假设。

(4) $\varphi=\sqrt{\frac{\chi^2}{n}}=\sqrt{\frac{17.626}{527}}=0.183$

$$c=\sqrt{\frac{\chi^2}{\chi^2+n}}=\sqrt{\frac{17.626}{17.626+527}}=0.180$$

$$V=\sqrt{\frac{\chi^2}{n\times\min(2,\ 3)}}=\sqrt{\frac{17.626}{527\times 2}}=0.2586346$$

9.2 $\chi^2=\frac{(28-0.1\times200)^2}{0.1\times200}+\frac{(56-0.2\times200)^2}{0.2\times200}+\frac{(48-0.3\times200)^2}{0.3\times200}+\frac{(36-0.2\times200)^2}{0.2\times200}+\frac{(32-0.2\times200)^2}{0.2\times200}=14$

$P=0.007295$

拒绝原假设。

9.3 $H_0:\pi_1=\pi_2=\pi_3=\pi_4$（阅读习惯与文化程度无关）；$H_1:\pi$，$\pi_2$，$\pi_3$，$\pi_4$ 不完全相等。

$$\chi^2=\sum\frac{(f_o-f_e)^2}{f_e}=31.86$$

$P=0.000$

拒绝原假设，认为阅读习惯与文化程度有关。

9.4 （1）$H_0:\pi_1=\pi_2=\pi_3=\pi_4$；$H_1:\pi$，$\pi_2$，$\pi_3$，$\pi_4$ 不完全相等。

$$\chi^2=\sum\frac{(f_o-f_e)^2}{f_e}=14.7019>\chi^2_{0.05}(3\times2)=12.5916$$

拒绝原假设。

（2）$P=0.023<0.05$

拒绝原假设，认为本科专业与 MBA 选课有关。

第10章 方差分析

一、学习指导

本章主要介绍检验多个总体均值是否相等的一种统计方法，即方差分析。它是通过对各观察数据误差来源的分析来判断多个总体均值是否相等。本章首先介绍方差分析中的一些基本问题，包括方差分析中的一些术语，方差分析的基本思想和基本假定，然后介绍单因素方差分析及其多重比较以及双因素方差分析方法。本章各节的主要内容和学习要点总结在下面的表格中。

章节	主要内容	学习要点
10.1 方差分析引论	方差分析及其有关术语	▶ 概念：方差分析，因子，处理。
	方差分析的基本思想和原理	▶ 概念：组内误差，组间误差，总平方和，组内平方和，组间平方和。 ▶ 误差的分解。 ▶ 总平方和、组内平方和、组间平方和的关系。
	方差分析中的基本假定	▶ 方差分析中的三个基本假定。
	问题的一般提法	▶ 方差分析中假设的提法。
10.2 单因素方差分析	数据结构	▶ 概念：单因素方差分析。 ▶ 数据结构。
	分析步骤	▶ 概念：总平方和，组内方差，组间方差。 ▶ 假设的提法。 ▶ 总平方和、组内方差、组间方差的计算方法。 ▶ 检验统计量的计算方法。 ▶ 统计决策。 ▶ 方差分析表的结构。 ▶ 用 Excel 进行单因素方差分析。
	关系强度的测量	▶ 关系强度的测量方法。
	方差分析中的多重比较	▶ 多重比较的前提。 ▶ 多重比较的作用。 ▶ 多重比较的方法。

续表

章节	主要内容	学习要点
10.3　双因素方差分析	双因素方差分析及其类型	▶ 概念：双因素方差分析。 ▶ 双因素方差分析的类型。
	无交互作用的双因素方差分析	▶ 数据结构。 ▶ 分析步骤。 ▶ 总平方和的分解。 ▶ 方差分析表的结构。 ▶ 关系强度的测量。 ▶ 用 Excel 进行无交互作用的双因素方差分析。
	有交互作用的双因素方差分析	▶ 总平方和的分解。 ▶ 方差分析表的结构。 ▶ 用 Excel 进行有交互作用的双因素方差分析。

二、主要公式

名称	公式
单因素方差分析的组间方差	$MSA=\frac{\text{组间平方和}}{\text{自由度}}=\frac{SSA}{k-1}$
单因素方差分析的组内方差	$MSE=\frac{\text{组内平方和}}{\text{自由度}}=\frac{SSE}{n-k}$
方差分析的检验统计量	$F=\frac{MSA}{MSE}\sim F(k-1,\ n-k)$
关系强度的测量	$R^2=\frac{SSA\ (\text{组间}\ SS)}{SST\ (\text{总}\ SS)}$
多重比较的 LSD	$LSD=t_{\alpha/2}\sqrt{MSE\left(\frac{1}{n_i}+\frac{1}{n_j}\right)}$

三、选择题

1. 方差分析的主要目的是判断（　　）。

   A. 各总体是否存在方差

   B. 各样本数据之间是否有显著差异

   C. 分类型自变量对数值型因变量的影响是否显著

   D. 分类型因变量对数值型自变量的影响是否显著

2. 在方差分析中，检验统计量 F 是（　　）。

A. 组间平方和除以组内平方和　　B. 组间均方除以组内均方

C. 组间平方除以总平方和　　D. 组间均方除以总均方

3. 在方差分析中，某一水平下样本数据之间的误差称为（　　）。

A. 随机误差　　B. 非随机误差　　C. 系统误差　　D. 非系统误差

4. 在方差分析中，不同水平下样本数据之间的误差称为（　　）。

A. 组内误差　　B. 组间误差　　C. 组内平方　　D. 组间平方

5. 组间误差是衡量不同水平下各样本数据之间的误差，它（　　）。

A. 只包括随机误差

B. 只包括系统误差

C. 既包括随机误差，也包括系统误差

D. 有时包括随机误差，有时包括系统误差

6. 组内误差是衡量某一水平下样本数据之间的误差，它（　　）。

A. 只包括随机误差

B. 只包括系统误差

C. 既包括随机误差，也包括系统误差

D. 有时包括随机误差，有时包括系统误差

7. 在下面的假定中，哪一个不属于方差分析中的假定（　　）。

A. 每个总体都服从正态分布　　B. 各总体的方差相等

C. 观测值是独立的　　D. 各总体的方差等于 0

8. 在方差分析中，所提出的原假设是 $H_0: \mu_1=\mu_2=\cdots=\mu_k$，备择假设是（　　）。

A. $H_1: \mu_1 \neq \mu_2 \neq \cdots \neq \mu_k$　　B. $H_1: \mu_1 > \mu_2 > \cdots > \mu_k$

C. $H_1: \mu_1 < \mu_2 < \cdots < \mu_k$　　D. $H_1: \mu_1, \mu_2, \cdots, \mu_k$ 不全相等

9. 单因素方差分析是指只涉及（　　）。

A. 一个分类型自变量　　B. 一个数值型自变量

C. 两个分类型自变量　　D. 两个数值型因变量

10. 双因素方差分析涉及（　　）。

A. 两个分类型自变量　　B. 两个数值型自变量

C. 两个分类型因变量　　D. 两个数值型因变量

11. 在方差分析中，数据的误差是用平方和来表示的。其中反映一个样本中各观测值误差大小的平方和称为（　　）。

A. 组间平方和　　B. 组内平方和

C. 总平方和　　D. 水平项平方和

12. 在方差分析中，数据的误差是用平方和来表示的。其中反映各个样本均值之间误差大小的平方和称为（　　）。

A. 误差项平方和　　B. 组内平方和

C. 组间平方和　　D. 总平方和

13. 在方差分析中，数据的误差是用平方和来表示的。其中反映全部观测值误差大小的平方和称为（　　）。

A. 误差项平方和　　B. 组内平方和
C. 组间平方和　　D. 总平方和

14. 组内平方和除以相应的自由度的结果称为（　　）。

A. 组内平方和　　B. 组内方差　　C. 组间方差　　D. 总方差

15. 组间平方和除以相应的自由度的结果称为（　　）。

A. 组内平方和　　B. 组内方差　　C. 组间方差　　D. 总方差

16. 在方差分析中，用于检验的统计量是（　　）。

A. $\frac{\text{组间平方和}}{\text{组内平方和}}$　　B. $\frac{\text{组间平方和}}{\text{总平方和}}$

C. $\frac{\text{组间方差}}{\text{组内方差}}$　　D. $\frac{\text{组间方差}}{\text{总方差}}$

17. 在方差分析中，用于度量自变量与因变量之间关系强度的统计量是 R^2，其计算方法为（　　）。

A. $R^2=\frac{\text{组间平方和}}{\text{组内平方和}}$　　B. $R^2=\frac{\text{组间平方和}}{\text{总平方和}}$

C. $R^2=\frac{\text{组间方差}}{\text{组内方差}}$　　D. $R^2=\frac{\text{组内平方和}}{\text{总平方和}}$

18. 在方差分析中，进行多重比较的前提是（　　）。

A. 拒绝原假设
B. 不拒绝原假设
C. 可以拒绝原假设也可以不拒绝原假设
D. 各样本均值相等

19. 在方差分析中，多重比较的目的是通过配对比较来进一步检验（　　）。

A. 哪两个总体均值之间有差异　　B. 哪两个总体方差之间有差异
C. 哪两个样本均值之间有差异　　D. 哪两个样本方差之间有差异

20. 有交互作用的双因素方差分析是指用于检验的两个因素（　　）。

A. 对因变量的影响是独立的
B. 对因变量的影响是有交互作用的
C. 对自变量的影响是独立的
D. 对自变量的影响是有交互作用的

21. 在双因素方差分析中，度量两个分类自变量对因变量影响的统计量是 R^2，其计算公式为（　　）。

A. $R^2=\frac{SSR+SSC}{SST}$　　B. $R^2=\frac{MSR+MSC}{MST}$

C. $R^2=\frac{SSR}{SST}$　　D. $R^2=\frac{SSC}{SST}$

22. 从两个总体中分别抽取 $n_1=7$ 和 $n_2=6$ 的两个独立随机样本。经计算得到下面的方差分析表：

差异源	SS	df	MS	F	P-value	F crit
组间	A	1	7.50	3.15	0.10	4.84
组内	26.19	11	2.38			
总计	33.69	12				

表中“A”单元格内的结果是（ ）。

A. 4.50 B. 5.50 C. 6.50 D. 7.50

23. 从两个总体中分别抽取 $n_1=7$ 和 $n_2=6$ 的两个独立随机样本。经计算得到下面的方差分析表：

差异源	SS	df	MS	F	P-value	F crit
组间	7.50	A	7.50	3.15	0.10	4.84
组内	26.19	B	2.38			
总计	33.69	12				

表中“A”单元格和“B”单元格内的结果是（ ）。

A. 2 和 9 B. 2 和 10 C. 1 和 11 D. 2 和 11

24. 从两个总体中分别抽取 $n_1=7$ 和 $n_2=6$ 的两个独立随机样本。经计算得到下面的方差分析表：

差异源	SS	df	MS	F	P-value	F crit
组间	7.50	1	A	3.15	0.10	4.84
组内	26.19	11	B			
总计	33.69	12				

表中“A”单元格和“B”单元格内的结果是（ ）。

A. 6.50 和 1.38 B. 7.50 和 2.38

C. 8.50 和 3.38 D. 9.50 和 4.38

25. 从两个总体中分别抽取 $n_1=7$ 和 $n_2=6$ 的两个独立随机样本。经计算得到下面的方差分析表：

差异源	SS	df	MS	F	P-value	F crit
组间	7.50	1	7.50	A	0.10	4.84
组内	26.19	11	2.38			
总计	33.69	12				

表中“A”单元格内的结果是（ ）。

A. 2.15 B. 3.15 C. 4.15 D. 5.15

26. 从两个总体中分别抽取 $n_1=7$ 和 $n_2=6$ 的两个独立随机样本。经计算得到下面的方差分析表：

差异源	SS	df	MS	F	P-value	F crit
组间	7.50	1	7.50	3.15	0.10	4.84
组内	26.19	11	2.38			
总计	33.69	12				

用 $\alpha=0.05$ 的显著性水平检验假设 $H_0: \mu_1=\mu_2$；$H_1: \mu_1$ 和 μ_2 不相等，得到的结论是（　　）。

A. 拒绝 H_0　　B. 不拒绝 H_0

C. 可以拒绝 H_0 也可以不拒绝 H_0　　D. 可能拒绝 H_0 也可能不拒绝 H_0

27. 从三个总体中分别抽取 $n_1=3$，$n_2=4$ 和 $n_3=3$ 的三个独立随机样本。经计算得到下面的方差分析表：

差异源	SS	df	MS	F	P-value	F crit
组间	6.22	2.00	3.11	2.21	0.18	4.74
组内	9.83	7.00	1.40			
总计	16.06	9.00				

用 $\alpha=0.05$ 的显著性水平检验假设 $H_0: \mu_1=\mu_2=\mu_3$；$H_1: \mu_1$，μ_2，μ_3 不全相等，得到的结论是（　　）。

A. 拒绝 H_0　　B. 不拒绝 H_0

C. 可以拒绝 H_0 也可以不拒绝 H_0　　D. 可能拒绝 H_0 也可能不拒绝 H_0

28. 下面是一个方差分析表：

差异源	SS	df	MS	F
组间	24.7	4	C	E
组内	A	B	D	
总计	62.7	34		

表中 A，B，C，D，E 五个单元格内的数据分别是（　　）。

A. 38，30，6.175，1.27，4.86

B. 38，29，6.175，1.27，4.86

C. 38，30，6.175，1.27，5.86

D. 27.7，29，6.175，1.27，4.86

29. 从三个总体中各选取了 4 个观测值，得到组间平方和 $SSA=536$，组内平方和 $SSE=828$，组间均方与组内均方分别为（　　）。

A. 268，92　　B. 134，103.5

C. 179，92　　D. 238，92

30. 从三个总体中各选取了 4 个观测值，得到组间平方和 $SSA=536$，组内平方和 $SSE=828$，用 $\alpha=0.05$ 的显著性水平检验假设 $H_0: \mu_1=\mu_2=\mu_3$；$H_1: \mu_1$，μ_2，μ_3 不全相

等，得到的结论是（　　）。

A. 拒绝 H_0　　B. 不拒绝 H_0

C. 可以拒绝 H_0 也可以不拒绝 H_0　　D. 可能拒绝 H_0 也可能不拒绝 H_0

31. 从 4 个总体中各选取 16 个观测值，得到组间平方和 $SSA=1\ 200$，组内平方和 $SSE=300$，用 $\alpha=0.05$ 的显著性水平检验假设 $H_0: \mu_1=\mu_2=\mu_3=\mu_4$；$H_1: \mu_1, \mu_2, \mu_3, \mu_4$ 不全相等，得到的结论是（　　）。

A. 拒绝 H_0　　B. 不拒绝 H_0

C. 可以拒绝 H_0 也可以不拒绝 H_0　　D. 可能拒绝 H_0 也可能不拒绝 H_0

四、选择题答案

1. C	2. B	3. A	4. B	5. C	6. A
7. D	8. D	9. A	10. A	11. B	12. C
13. D	14. B	15. C	16. C	17. B	18. A
19. A	20. B	21. A	22. D	23. C	24. B
25. B	26. B	27. B	28. A	29. A	30. B
31. A					

五、教材练习题详细解答

10.1　设 3 个总体的均值分别为 μ_1，μ_2，μ_3。

提出假设：$H_0: \mu_1=\mu_2=\mu_3$

$H_1: \mu_1, \mu_2, \mu_3$ 不全相等

由 Excel 输出的方差分析表如下：

方差分析

差异源	SS	df	MS	F	P-value	F crit
组间	618.916 7	2	309.458 3	4.657 4	0.040 877	8.021 517
组内	598	9	66.444 44			
总计	1 216.917	11				

P-value$=0.040\ 877>\alpha=0.01$（或 $F=4.657\ 4<F_{0.01}=8.021\ 5$），不拒绝原假设。没有证据表明 3 个总体的均值之间有显著差异。

10.2　设 3 个企业生产的电池的平均寿命分别为 μ_A，μ_B，μ_C。

提出假设：$H_0: \mu_A=\mu_B=\mu_C$

$H_1: \mu_A, \mu_B, \mu_C$ 不全相等

由 Excel 输出的方差分析表如下：

SUMMARY

组	观测数	求和	平均	方差
企业 A	5	222	44.4	28.3
企业 B	5	150	30	10
企业 C	5	213	42.6	15.8

方差分析

差异源	SS	df	MS	F	P-value	F crit
组间	615.6	2	307.8	17.068 39	0.000 31	3.885 294
组内	216.4	12	18.033 33			
总计	832	14				

P-value$=0.000\ 3<\alpha=0.05$（或 $F=17.068\ 4>F_{0.05}=3.885\ 3$），拒绝原假设。表明电池的平均寿命之间有显著差异。

为判断哪两个企业生产的电池平均使用寿命之间有显著差异，首先提出如下假设：

检验 1：$H_0:\mu_A=\mu_B$；$H_1:\mu_A\neq\mu_B$

检验 2：$H_0:\mu_A=\mu_C$；$H_1:\mu_A\neq\mu_C$

检验 3：$H_0:\mu_B=\mu_C$；$H_1:\mu_B\neq\mu_C$

然后计算检验统计量：

$$|\bar{x}_A-\bar{x}_B|=|44.4-30|=14.4$$

$$|\bar{x}_A-\bar{x}_C|=|44.4-42.6|=1.8$$

$$|\bar{x}_B-\bar{x}_C|=|30-42.6|=12.6$$

计算 LSD。根据方差分析表可知，$MSE=18.033\ 33$。根据自由度$=n-k=15-3=12$，查 t 分布表得 $t_{\alpha/2}=t_{0.025}=2.179$。计算的 LSD 如下：

$$LSD=2.179\times\sqrt{18.033\ 33\times\left(\frac{1}{5}+\frac{1}{5}\right)}=5.85$$

作出决策。

$|\bar{x}_A-\bar{x}_B|=|44.4-30|=14.4>LSD=5.85$，拒绝原假设。企业 A 与企业 B 电池的平均使用寿命之间有显著差异。

$|\bar{x}_A-\bar{x}_C|=|44.4-42.6|=1.8<LSD=5.85$，不拒绝原假设。没有证据表明企业 A 与企业 C 电池的平均使用寿命之间有显著差异。

$|\bar{x}_B-\bar{x}_C|=|30-42.6|=12.6>LSD=5.85$，拒绝原假设。企业 B 与企业 C 电池的平均使用寿命之间有显著差异。

10.3　设 3 种培训方式组装产品所花的平均时间分别为 μ_A，μ_B，μ_C。

提出假设：$H_0:\mu_A=\mu_B=\mu_C$

$H_1:\mu_A$，μ_B，μ_C 不全相等

由 Excel 输出的方差分析表如下：

方差分析

差异源	SS	df	MS	F	P-value	F crit
组间	5.349 156	2	2.674 578	8.274 518	0.001 962	3.422 132
组内	7.434 306	23	0.323 231			
总计	12.783 46	25				

P-value＝0.001 96＜α＝0.05（或 $F=8.274\ 5>F_{0.05}=3.422\ 1$），拒绝原假设。表明不同培训方式对产品组装有显著影响。

10.4　（1）方差分析表中所缺的数值如下表：

差异源	SS	df	MS	F	P-value	F crit
组间	420	2	210	1.478	0.245 946	3.354 131
组内	3 836	27	142.07	—	—	—
总计	4 256	29	—	—	—	—

（2）由方差分析表可知：P-value＝0.245 946＞α＝0.05（或 $F=1.478<F_{0.05}=3.354\ 131$），不能拒绝原假设。没有证据表明 3 种方法组装的产品数量之间有显著差异。

10.5　设不同品种的种子的平均收获量分别为 μ_1，μ_2，μ_3，μ_4，μ_5。

提出假设：$H_0:\mu_1=\mu_2=\mu_3=\mu_4=\mu_5$

$H_1:\mu_1$，μ_2，μ_3，μ_4，μ_5 不全相等

设不同施肥方式的平均收获量分别为 μ_1，μ_2，μ_3，μ_4。

提出假设：$H_0:\mu_1=\mu_2=\mu_3=\mu_4$

$H_1:\mu_1$，μ_2，μ_3，μ_4 不全相等

由 Excel 输出的方差分析表如下：

方差分析

差异源	SS	df	MS	F	P-value	F crit
品种	19.067	4	4.766 75	7.239 716	0.003 315	3.259 167
施肥方案	18.181 5	3	6.060 5	9.204 658	0.001 949	3.490 295
误差	7.901	12	0.658 417			
总计	45.149 5	19				

P-value＝0.003 3＜α＝0.05（或 $F_{品种}=7.239\ 7>F_{0.05}=3.259\ 2$），拒绝原假设。表明不同品种的种子对收获量的影响显著。

P-value=0.001 9<α=0.05（或 $F_{施肥方案}$=9.204 7>$F_{0.05}$=3.490 3），拒绝原假设。表明不同施肥方案对收获量的影响显著。

10.6　设不同地区的平均销售量分别为 μ_{A1}，μ_{A2}，μ_{A3}。

提出假设：$H_0:\mu_{A1}=\mu_{A2}=\mu_{A3}$

$H_1:\mu_{A1}$，μ_{A2}，μ_{A3}不全相等

设不同包装的平均销售量分别为 μ_{B1}，μ_{B2}，μ_{B3}。

提出假设：$H_0:\mu_{B1}=\mu_{B2}=\mu_{B3}$

$H_1:\mu_{B1}$，μ_{B2}，μ_{B3}不全相等

由 Excel 输出的方差分析表如下：

方差分析

差异源	SS	df	MS	F	P-value	F crit
地区	22.222 22	2	11.111 11	0.072 727	0.931 056	6.944 272
包装方法	955.555 6	2	477.777 8	3.127 273	0.152 155	6.944 272
误差	611.111 1	4	152.777 8			
总计	1 588.889	8				

P-value=0.931 1>α=0.05（或 $F_{地区}$=0.072 7<$F_{0.05}$=6.944 3），不拒绝原假设。没有证据表明不同的地区对该食品的销售量有显著影响。

P-value=0.152 2>α=0.05（或 $F_{包装方法}$=3.127 3<$F_{0.05}$=6.944 3），不拒绝原假设。没有证据表明不同的包装方法对该食品的销售量有显著影响。

10.7　由 Excel 输出的方差分析表如下：

方差分析

差异源	SS	df	MS	F	P-value	F crit
超市位置	1 736.222	2	868.111 1	34.305 16	9.18E-08	5.613 591
竞争者数量	1 078.333	3	359.444 4	14.204 17	1.57E-05	4.718 051
交互作用	503.333 3	6	83.888 89	3.315 038	0.016 05	3.666 717
内部	607.333 3	24	25.305 56			
总计	3 925.222	35				

P-value=1.57E-5<α=0.01（或 $F_{竞争者数量}$=14.204 2>$F_{0.01}$=4.718 1），拒绝原假设。表明竞争者的数量对销售额有显著影响。

P-value=9.18E-08<α=0.01（或 $F_{超市位置}$=34.305 2>$F_{0.01}$=5.613 6），拒绝原假设。表明超市的位置对销售额有显著影响。

P-value=0.016 05>α=0.01（或 $F_{交互作用}$=3.315 0<$F_{0.01}$=3.666 7），不拒绝原假设。没有证据表明竞争者的数量和超市的位置对销售额有交互影响。

第11章 一元线性回归

一、学习指导

一元线性回归是只含一个自变量的回归。本章首先介绍相关分析方法，然后介绍一元线性回归分析方法。本章各节的主要内容和学习要点总结在下面的表格中。

章节	主要内容	学习要点
11.1 变量间关系的度量	变量间的关系	▶ 概念：函数关系，相关关系。 ▶ 相关关系的特点。
	相关关系的描述与测度	▶ 概念：相关系数。 ▶ 相关分析的内容。 ▶ 散点图的绘制和分析。 ▶ 相关系数的计算。 ▶ 用 Excel 中的统计函数计算相关系数。 ▶ 用 Excel 中的数据分析工具计算相关矩阵。 ▶ 相关系数的性质。
	相关关系的显著性检验	▶ 相关系数检验的目的。 ▶ 相关系数检验的程序。
11.2 一元线性回归	一元线性回归模型	▶ 概念：回归模型，回归方程，估计的回归方程。 ▶ 回归分析的内容。 ▶ 回归模型的基本假定。
	参数的最小二乘估计	▶ 概念：最小二乘法。 ▶ $\hat{\beta}_0$ 和 $\hat{\beta}_1$ 的计算。 ▶ $\hat{\beta}_1$ 的解释。 ▶ 用 Excel 进行回归。
	回归直线的拟合优度	▶ 概念：总平方和，回归平方和，残差平方和，判定系数，估计标准误差。 ▶ 判定系数的计算和解释。 ▶ 估计标准误差的计算和解释。

续表

章节	主要内容	学习要点
11.2 一元线性回归	显著性检验	▶ 线性关系检验的目的。 ▶ 线性关系显著性检验的程序。 ▶ 回归系数检验的目的。 ▶ 回归系数检验的程序。 ▶ Excel 输出的回归结果的解释和应用。
	回归分析结果的评价	▶ 回归分析结果的评价。
11.3 利用回归方程进行预测	点估计	▶ 概念：平均值的点估计，个别值的点估计。 ▶ 平均值的点估计和个别值的点估计的区别。 ▶ 点估计的方法。 ▶ 用 Excel 中的统计函数进行预测。
	区间估计	▶ 概念：平均值的置信区间估计，个别值的预测区间估计。 ▶ 平均值的置信区间估计和个别值的预测区间估计的区别。 ▶ 区间估计的计算方法。
11.4 残差分析	残差与残差图	▶ 概念：残差。 ▶ 残差图的绘制和分析。
	标准化残差	▶ 概念：标准化残差。 ▶ 标准化残差图。

二、主要公式

名称	公式
相关系数	$r=\dfrac{n\sum xy-\sum x\sum y}{\sqrt{n\sum x^2-(\sum x)^2}\sqrt{n\sum y^2-(\sum y)^2}}$
相关系数检验的统计量	$t=\lvert r\rvert\sqrt{\dfrac{n-2}{1-r^2}}$
一元线性回归模型	$y=\beta_0+\beta_1 x+\varepsilon$
估计的一元线性回归方程	$\hat{y}=\hat{\beta}_0+\hat{\beta}_1 x$
回归方程的截距	$\hat{\beta}_0=\bar{y}-\hat{\beta}_1\bar{x}$
回归方程的斜率（回归系数）	$\hat{\beta}_1=\dfrac{n\sum_{i=1}^{n}x_iy_i-\sum_{i=1}^{n}x_i\sum_{i=1}^{n}y_i}{n\sum_{i=1}^{n}x_i^2-\left(\sum_{i=1}^{n}x_i\right)^2}$

续表

名称	公式
判定系数	$R^2=\frac{SSR}{SST}=\frac{\sum(\hat{y}_i-\bar{y})^2}{\sum(y_i-\bar{y})^2}$
估计标准误差	$s_e=\sqrt{\frac{\sum(y_i-\hat{y}_i)^2}{n-2}}=\sqrt{\frac{SSE}{n-2}}$
线性关系检验的统计量	$F=\frac{SSR/1}{SSE/(n-2)}$
回归系数检验的统计量	$t=\frac{\hat{\beta}_1}{s_{\hat{\beta}_1}}$
y 的平均值的置信区间	$\hat{y}_0\pm t_{\alpha/2}s_e\sqrt{\frac{1}{n}+\frac{(x_0-\bar{x})^2}{\sum_{i=1}^{n}(x_i-\bar{x})^2}}$
y 的个别值的预测区间	$\hat{y}_0\pm t_{\alpha/2}s_e\sqrt{1+\frac{1}{n}+\frac{(x_0-\bar{x})^2}{\sum_{i=1}^{n}(x_i-\bar{x})^2}}$
残差	$e_i=y_i-\hat{y}_i$
标准化残差	$z_{e_i}=\frac{e_i}{s_e}=\frac{y_i-\hat{y}_i}{s_e}$

三、选择题

1. 具有相关关系的两个变量的特点是（　　）。
   A. 一个变量的取值不能由另一个变量唯一确定
   B. 一个变量的取值由另一个变量唯一确定
   C. 一个变量的取值增大时，另一个变量的取值也一定增大
   D. 一个变量的取值增大时，另一个变量的取值肯定变小
2. 下面的各问题中，哪个不是相关分析要解决的问题（　　）。
   A. 判断变量之间是否存在关系
   B. 判断一个变量数值的变化对另一个变量的影响
   C. 描述变量之间的关系强度
   D. 判断样本所反映的变量之间的关系能否代表总体变量之间的关系
3. 下面的假定中，哪个属于相关分析中的假定（　　）。

A. 两个变量之间是非线性关系

B. 两个变量都是随机变量

C. 自变量是随机变量，因变量不是随机变量

D. 一个变量的数值增大，另一个变量的数值也应增大

4. 根据下面的散点图，可以判断两个变量之间存在（　　）。

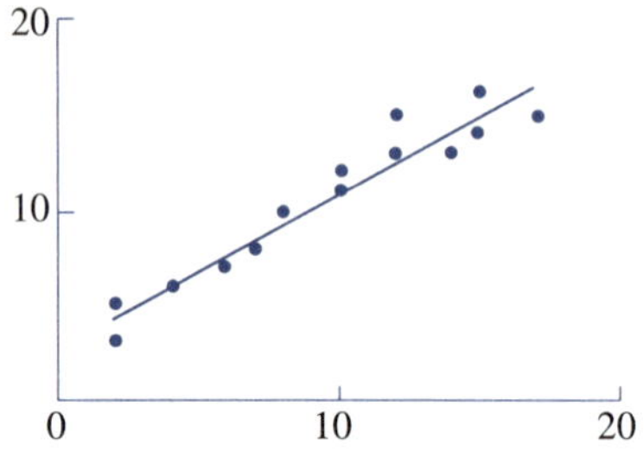

A. 正线性相关关系　　B. 负线性相关关系

C. 非线性关系　　D. 函数关系

5. 根据下面的散点图，可以判断两个变量之间存在（　　）。

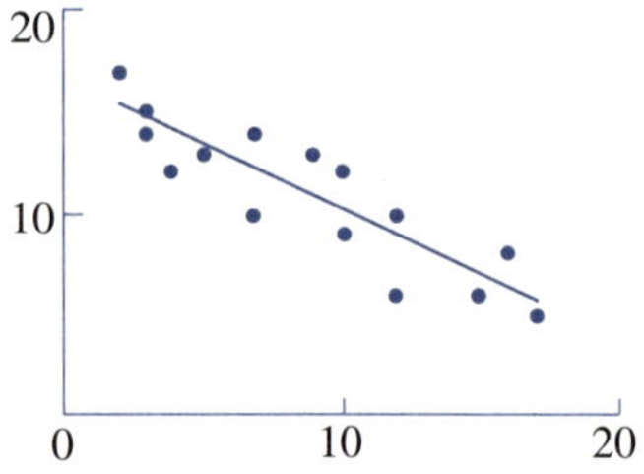

A. 正线性相关关系　　B. 负线性相关关系

C. 非线性关系　　D. 函数关系

6. 如果变量之间的关系近似地表现为一条直线，则称两个变量之间为（　　）。

A. 正线性相关关系　　B. 负线性相关关系

C. 线性相关关系　　D. 非线性相关关系

7. 如果一个变量的取值完全依赖于另一个变量，各观测点落在一条直线上，称为两个变量之间为（　　）。

A. 完全相关关系　　B. 正线性相关关系

C. 非线性相关关系　　D. 负线性相关关系

8. 下面的陈述哪一个是错误的（　　）。

A. 相关系数是度量两个变量之间线性关系强度的统计量

B. 相关系数是一个随机变量

C. 相关系数的绝对值不会大于 1

D. 相关系数不会取负值

9. 根据你的判断，下面的相关系数取值哪一个是错误的（　　）。

A. −0.86　　B. 0.78　　C. 1.25　　D. 0

10. 下面关于相关系数的陈述中哪一个是错误的（　　）。

A. 数值越大说明两个变量之间的关系就越强

B. 仅仅是两个变量之间线性关系的一个度量，不能用于描述非线性关系

C. 只是两个变量之间线性关系的一个度量，不一定意味着两个变量之间一定有因果关系

D. 绝对值不会大于 1

11. 变量 x 与 y 之间的负相关是指（　　）。

A. x 值增大时 y 值也随之增大

B. x 值减小时 y 值也随之减小

C. x 值增大时 y 值随之减小，或 x 值减小时 y 值随之增大

D. y 的取值几乎不受 x 取值的影响

12. 如果相关系数 $r=0$，则表明两个变量之间（　　）。

A. 相关程度很低　　B. 不存在任何关系

C. 不存在线性相关关系　　D. 存在非线性相关关系

13. 设产品产量与产品单位成本之间的线性相关系数为 −0.87，这说明二者之间（　　）。

A. 高度相关　　B. 中度相关

C. 低度相关　　D. 极弱相关

14. 设有 4 组容量相同的样本数据，即 $n=8$，相关系数分别为：$r_1=0.65$，$r_2=0.74$，$r_3=0.89$，$r_4=0.92$，若取显著性水平 $\alpha=0.05$ 进行显著性检验，哪一个相关系数在统计上是不显著的（　　）。

A. r_1　　B. r_2　　C. r_3　　D. r_4

15. 下面哪一个不是回归分析要解决的问题（　　）。

A. 从一组样本数据出发，确定变量之间的数学关系式

B. 对数学关系式的可信程度进行各种统计检验，并从影响某一特定变量的诸多变量中找出哪些变量的影响是显著的，哪些是不显著的

C. 利用所求的关系式，根据一个或几个变量的取值来估计或预测另一个特定变量的取值

D. 度量两个变量之间的关系强度

16. 在回归分析中，被预测或被解释的变量称为（　　）。

A. 自变量　　B. 因变量

C. 随机变量　　D. 非随机变量

17. 在回归分析中，用来预测或用来解释另一个变量的一个或多个变量称为（　　）。

A. 自变量　　B. 因变量

C. 随机变量　　D. 非随机变量

18. 在回归分析中，描述因变量 y 如何依赖于自变量 x 和误差项的方程称为（　　）。

A. 回归方程　　B. 回归模型

C. 估计的回归方程　　D. 经验回归方程

19. 在回归分析中，根据样本数据求出的回归方程的估计称为（　　）。

A. 回归方程　　B. 回归模型

C. 估计的回归方程　　D. 理论回归方程

20. 在回归模型 $y=\beta_0+\beta_1 x+\varepsilon$ 中，ε 反映的是（　　）。

A. 由于 x 的变化引起的 y 的线性变化部分

B. 由于 y 的变化引起的 x 的线性变化部分

C. 除 x 和 y 的线性关系之外的随机因素对 y 的影响

D. x 和 y 的线性关系对 y 的影响

21. 下面关于回归模型的假定中哪一个是不正确的（　　）。

A. 自变量 x 是随机的

B. 误差项 ε 是一个期望值为 0 的随机变量

C. 对于所有的 x 值，ε 的方差 σ^2 都相同

D. 误差项 ε 是一个服从正态分布的随机变量，且独立

22. 根据最小二乘法拟合直线回归方程是使（　　）。

A. $\sum(y_i-\hat{y}_i)^2=$最小　　B. $\sum(y_i-\hat{y}_i)=$最小

C. $\sum(y_i-\bar{y}_i)^2=$最小　　D. $\sum(y_i-\bar{y}_i)=$最小

23. 在一元线性回归方程中，回归系数 β_1 的实际意义是（　　）。

A. 当 $x=0$ 时，y 的期望值

B. 当 x 变动 1 个单位时，y 的平均变动数量

C. 当 x 变动 1 个单位时，y 增加的总数量

D. 当 y 变动 1 个单位时，x 的平均变动数量

24. 如果两个变量之间负相关，指出下列回归方程中哪个肯定有误（　　）。

A. $\hat{y}=25-0.75x$　　B. $\hat{y}=-120+0.86x$

C. $\hat{y}=200-2.5x$　　D. $\hat{y}=-34-0.74x$

25. 对不同年份的产品成本拟合的直线方程为 $\hat{y}=280-1.75x$，回归系数 $\hat{\beta}_1=-1.75$ 表示（　　）。

A. 时间每增加 1 个单位，产品成本平均增加 1.75 个单位

B. 时间每增加 1 个单位，产品成本平均下降 1.75 个单位

C. 产品成本每变动 1 个单位，平均需要 1.75 年时间

D. 时间每减少 1 个单位，产品成本平均增加 1.75 个单位

26. 在回归分析中，F 检验主要是用来检验（　　）。

A. 相关系数的显著性　　B. 回归系数的显著性

C. 线性关系的显著性　　D. 估计标准误差的显著性

27. 说明回归方程拟合优度的统计量是（　　）。

A. 相关系数　　B. 回归系数

C. 判定系数　　D. 估计标准误差

28. 各实际观测值（y_i）与回归值（$\hat{y}_i$）的离差平方和称为（　　）。

A. 总变差平方和　　B. 残差平方和

C. 回归平方和　　D. 判定系数

29. 在直线回归方程 $\hat{y}_i=\hat{\beta}_0+\hat{\beta}_1 x$ 中，若回归系数 $\hat{\beta}_1=0$，则表示（　　）。

A. y 对 x 的影响是显著的　　B. y 对 x 的影响是不显著的

C. x 对 y 的影响是显著的　　D. x 对 y 的影响是不显著的

30. 若两个变量之间完全相关，在以下结论中不正确的是（　　）。

A. $|r|=1$　　B. 判定系数 $R^2=1$

C. 估计标准误差 $s_y=0$　　D. 回归系数 $\hat{\beta}_1=0$

31. 回归平方和占总平方和的比例称为（　　）。

A. 相关系数　　B. 回归系数

C. 判定系数　　D. 估计标准误差

32. 下面关于估计标准误差的陈述中不正确的是（　　）。

A. 均方残差（MSE）的平方根

B. 对误差项 ε 的标准差 σ 的估计

C. 排除了 x 对 y 的线性影响后，y 随机波动大小的一个估计量

D. 度量了两个变量之间的关系强度

33. 在回归分析中，利用估计的回归方程，对于 x 的一个特定值 x_0，求出 y 的平均值的一个估计值 $E(y_0)$，称为（　　）。

A. 平均值的点估计　　B. 个别值的点估计

C. 平均值的置信区间估计　　D. 个别值的预测区间估计

34. 在回归分析中，利用估计的回归方程，对于 x 的一个特定值 x_0，求出 y 的个别值的一个估计值 $\hat{y}$，称为（　　）。

A. 平均值的点估计　　B. 个别值的点估计

C. 平均值的置信区间估计　　D. 个别值的预测区间估计

35. 已知回归平方和 $SSR=4\ 854$，残差平方和 $SSE=146$，则判定系数 $R^2=$（　　）。

A. 97.08%　　B. 2.92%

C. 3.01%　　D. 33.25%

36. 在因变量的总离差平方和中，如果回归平方和所占比重大，则两变量之间（　　）。

A. 相关程度高　　B. 相关程度低

C. 完全相关　　D. 完全不相关

37. 在对有线性相关关系的两变量建立的直线回归方程 $\hat{y}=\hat{\beta}_0+\hat{\beta}_1 x$ 中，回归系数 $\hat{\beta}_1$（　　）。

A. 可能为0　　B. 可能小于0

C. 只能是正数　　D. 只能是负数

38. 由最小二乘法得到的回归直线，要求满足因变量的（　　）。

A. 平均值与其估计值的离差平方和最小

B. 实际值与其平均值的离差平方和最小

C. 实际值与其估计值的离差和为0

D. 实际值与其估计值的离差平方和最小

39. 一个由100名年龄在30～60岁的男子组成的样本，测得其身高与体重的相关系数 $r=0.45$，则下列陈述中正确的是（　　）。

A. 较高的男子趋于较重

B. 身高与体重存在低度正相关

C. 体重较重的男子趋于较矮

D. 45%的较高的男子趋于较重

40. 如果两个变量之间完全相关，则以下结论中不正确的是（　　）。

A. 相关系数 $r=1$　　B. 判定系数 $R^2=1$

C. 回归系数 $\beta=0$　　D. 估计标准误差 $s_y=0$

41. 下列方程中肯定错误的是（　　）。

A. $\hat{y}=15-0.48x$，$r=0.65$

B. $\hat{y}=-15-1.35x$，$r=-0.81$

C. $\hat{y}=-25+0.85x$，$r=0.42$

D. $\hat{y}=120-3.56x$，$r=-0.96$

42. 若两个变量存在负线性相关关系，则建立的一元线性回归方程的判定系数 R^2 的取值范围是（　　）。

A. [0，1]　　B. [−1，0]

C. [−1，1]　　D. 小于0的任意数

43. 在回归估计中，给定自变量的取值 x_0，求得的置信区间与预测区间相比（　　）。

A. 二者的区间宽度是一样的

B. 置信区间比预测区间宽

C. 置信区间比预测区间窄

D. 置信区间有时比预测区间宽，有时比预测区间窄

44. 在回归估计中，自变量的取值 x_0 越远离其平均值 $\bar{x}$，求得的 y 的预测区间（　　）。

A. 越宽　　B. 越窄

C. 越准确　　D. 越接近实际值

45. 回归平方和 SSR 反映了 y 的总变差中（　　）。

A. 由于 x 与 y 之间的线性关系引起的 y 的变化部分

B. 除了 x 对 y 的线性影响之外的其他因素对 y 变差的影响

C. 由于 x 与 y 之间的非线性关系引起的 y 的变化部分

D. 由于 x 与 y 之间的函数关系引起的 y 的变化部分

46. 残差平方和 SSE 反映了 y 的总变差中（　　）。

A. 由于 x 与 y 之间的线性关系引起的 y 的变化部分

B. 除了 x 对 y 的线性影响之外的其他因素对 y 变差的影响

C. 由于 x 与 y 之间的非线性关系引起的 y 的变化部分

D. 由于 x 与 y 之间的函数关系引起的 y 的变化部分

47. 若变量 x 与 y 之间的相关系数 $r=0.8$，则回归方程的判定系数 $R^2=$（　　）。

A. 0.8　　B. 0.89　　C. 0.64　　D. 0.40

48. 若变量 x 与 y 之间的相关系数 $r=0$，则下列结论中正确的是（　　）。

A. 判定系数 $R^2=1$　　B. 判定系数 $R^2=0$

C. 回归系数 $\hat{\beta}_1=1$　　D. 估计标准误差 $s_e=0$

49. 某汽车生产商欲了解广告费用（x）对销售量（y）的影响，收集了过去 12 年的有关数据。通过计算得到下面的方差分析表（$\alpha=0.05$）：

变差来源	df	SS	MS	F	Significance F
回归	1	1 602 708.6	1 602 708.6		2.17E-09
残差	10	40 158.07		—	—
总计	11	1 642 866.67	—	—	—

方差分析表中空格的数据分别为（　　）。

A. 4 015.807 和 399.1　　B. 4 015.807 和 0.002 5

C. 0.975 5 和 399.1　　D. 0.024 4 和 0.002 5

50. 某汽车生产商欲了解广告费用（x）对销售量（y）的影响，收集了过去 12 年的有关数据。通过计算得到下面的方差分析表（$\alpha=0.05$）：

变差来源	df	SS	MS	F	Significance F
回归	1	1 602 708.6	1 602 708.6	—	2.17E-09
残差	10	40 158.07	—	—	—
总计	11	1 642 866.67	—	—	—

根据上表计算的相关系数为（　　）。

A. 0.984 4　　B. 0.985 5　　C. 0.986 6　　D. 0.987 7

51. 某汽车生产商欲了解广告费用（x）对销售量（y）的影响，收集了过去 12 年的有关数据。通过计算得到下面的方差分析表（$\alpha=0.05$）：

变差来源	df	SS	MS	F	Significance F
回归	1	1 602 708.6	1 602 708.6	—	2.17E-09
残差	10	40 158.07	—	—	—
总计	11	1 642 866.67	—	—	—

根据上表计算的估计标准误差为（　　）。

A. 1 265.98　　B. 63.37　　C. 1 281.17　　D. 399.1

52. 某汽车生产商欲了解广告费用（x）对销售量（y）的影响，收集了过去12年的有关数据。通过计算得到下面的方差分析表（$\alpha=0.05$）：

变差来源	df	SS	MS	F	Significance F
回归	1	1 602 708.6	1 602 708.6	—	2.17E-09
残差	10	40 158.07	—	—	—
总计	11	1 642 866.67	—	—	—

根据上表计算的判定系数为（　　）。

A. 0.985 6　　B. 0.985 5　　C. 0.975 6　　D. 0.987 7

53. 标准化残差图主要用于直观地判断（　　）。

A. 回归模型的线性关系是否显著

B. 回归系数是否显著

C. 误差项 ε 服从正态分布的假定是否成立

D. 误差项 ε 等方差的假定是否成立

54. 如果误差项 ε 服从正态分布的假定成立，那么在标准化残差图中，大约有95%的标准化残差落在（　　）。

A. $-2\sim+2$　　B. $0\sim1$

C. $-1\sim+1$　　D. $-1\sim0$

55. 标准化残差是（　　）。

A. 残差除以残差的标准差　　B. 残差的标准差除以残差

C. 因变量的观测值除以残差　　D. 自变量的实际值除以残差

四、选择题答案

1. A	2. B	3. B	4. A	5. B	6. C
7. A	8. D	9. C	10. A	11. C	12. C
13. A	14. A	15. D	16. B	17. A	18. B
19. C	20. C	21. A	22. A	23. B	24. B
25. B	26. C	27. C	28. B	29. D	30. D
31. C	32. D	33. A	34. B	35. A	36. A

37. B	38. D	39. B	40. C	41. A	42. A
43. C	44. A	45. A	46. B	47. C	48. B
49. A	50. D	51. B	52. C	53. C	54. A
55. A					

五、教材练习题详细解答

11.1　(1) 散点图如下：

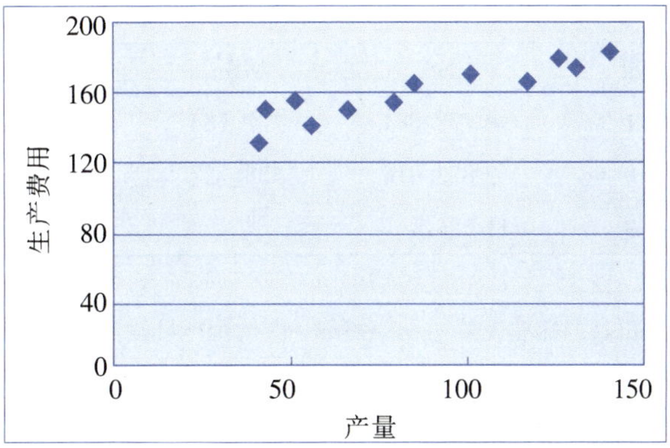

从散点图可以看出，产量与生产费用之间为正的线性相关关系。

(2) 利用 Excel 的“CORREL”函数计算的相关系数为 $r=0.920\,232$。

(3) 首先提出如下假设：$H_0:\rho=0$；$H_1:\rho\neq 0$。

计算检验的统计量：

$$t=|r|\sqrt{\frac{n-2}{1-r^2}}=|0.920\,232|\sqrt{\frac{12-2}{1-0.920\,232^2}}=7.435$$

当 $\alpha=0.05$ 时，$t_{0.05/2}(12-2)=2.228$。由于检验统计量 $t=7.435>t_{\alpha/2}=2.228$，拒绝原假设。表明产量与生产费用之间的线性关系显著。

11.2　(1) 散点图如下：

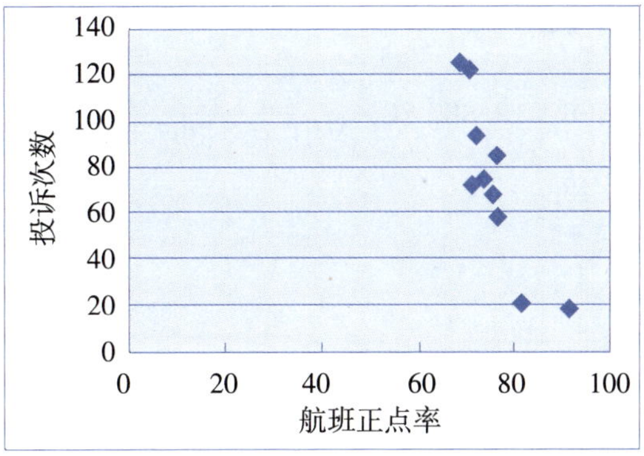

从散点图可以看出，航班正点率与投诉次数之间为负的线性相关关系。

（2）由 Excel 输出的回归结果如下：

回归统计	
Multiple R	0.868 643
R Square	0.754 54
Adjusted R Square	0.723 858
标准误差	18.887 22
观测值	10

方差分析

	df	SS	MS	F	Significance F
回归分析	1	8 772.584	8 772.584	24.591 87	0.001 108
残差	8	2 853.816	356.727		
总计	9	11 626.4			

	Coefficients	标准误差	t Stat	P-value	Lower 95%	Upper 95%
Intercept	430.189 2	72.154 83	5.962 029	0.000 337	263.799 9	596.578 6
X Variable 1	−4.700 62	0.947 894	−4.959 02	0.001 108	−6.886 47	−2.514 78

得到的回归方程为：$\hat{y}=430.189\,2-4.7x$。回归系数 $\hat{\beta}_1=-4.7$ 表示航班正点率每增加 1%，顾客投诉次数平均下降 4.7 次。

（3）回归系数检验的 P-value$=0.001\,108<\alpha=0.05$，拒绝原假设，表明回归系数显著。

（4）$\hat{y}_{80}=430.189\,2-4.7\times80=54.189\,2$ 次。

（5）当 $\alpha=0.05$ 时，$t_{0.05/2}(10-2)=2.306$，$s_e=18.887\,22$。

置信区间为：

$$\hat{y}_0 \pm t_{\alpha/2}s_e\sqrt{\frac{1}{n}+\frac{(x_0-\bar{x})^2}{\sum_{i=1}^{n}(x_i-\bar{x})^2}}$$

$$=54.189\,2\pm2.306\times18.887\,22\times\sqrt{\frac{1}{10}+\frac{(80-75.86)^2}{397.024}}$$

$$=54.189\,2\pm16.48$$

即（37.7，70.7）。

预测区间为：

$$\hat{y}_0 \pm t_{\alpha/2}s_e\sqrt{1+\frac{1}{n}+\frac{(x_0-\bar{x})^2}{\sum_{i=1}^{n}(x_i-\bar{x})^2}}$$

$$=54.1892\pm2.306\times18.88722\times\sqrt{1+\frac{1}{10}+\frac{(80-75.86)^2}{397.024}}$$

$$=54.1892\pm46.57$$

即（7.6，100.8）。

11.3　Excel 输出的回归结果如下：

回归统计	
Multiple R	0.795 1
R Square	0.632 2
Adjusted R Square	0.611 7
标准误差	2.685 8
观测值	20

方差分析

	df	SS	MS	F	Significance F
回归分析	1	223.140 3	223.140 3	30.933 2	2.798 89E-05
残差	18	129.845 2	7.213 6		
总计	19	352.985 5			

	Coefficients	标准误差	t Stat	P-value	Lower 95%	Upper 95%
Intercept	49.317 7	3.805 0	12.961 2	0.000 0	41.323 6	57.311 7
X Variable 1	0.249 2	0.044 8	5.561 8	0.000 0	0.155 1	0.343 4

由上表结果可知，出租率与月租金之间的线性回归方程为：$\hat{Y}=49.3177+0.2492x$。回归系数 $\hat{\beta}_1=0.2492$ 表示：月租金每增加 1 元，出租率平均增加 0.249 2%。

$R^2=63.22\%$，表明在出租率的变差中被出租率与租金之间的线性关系所解释的比例为 63.22%，回归方程的拟合程度一般。

估计标准误差 $s_e=2.6858$ 表示，当用月租金来预测出租率时，平均的预测误差为 2.685 8%，表明预测误差并不大。

由方差分析表可知，Significance F=2.798 89E-05$<\alpha=0.05$，表明回归方程的线性关系显著。回归系数检验的 P-value=0.000 0$<\alpha=0.05$，表明回归系数显著，即月租金是影响出租率的显著性因素。

11.4　（1）方差分析表中所缺的数值见下表：

变差来源	df	SS	MS	F	Significance F
回归	1	1 602 708.6	1 602 708.6	399.100	2.17E-09
残差	10	40 158.07	4 015.807	—	—
总计	11	1 642 866.67	—	—	—

（2）根据方差分析表计算的判定系数 $R^2=\frac{SSR}{SST}=\frac{1\ 602\ 708.6}{1\ 642\ 866.67}=0.975\ 6=97.56\%$，表明汽车销售量的变差中有97.56%是由于广告费用的变动引起的。

（3）相关系数可由判定系数的平方根求得：$r=\sqrt{R^2}=\sqrt{0.975\ 6}=0.987\ 7$。

（4）回归方程为：$\hat{y}=363.689\ 1+1.420\ 211x$。回归系数 $\hat{\beta}_1=1.420\ 211$ 表示广告费用每增加1个单位，销售量平均增加1.420 211个单位。

（5）由于 Significance F=2.17E-09<α=0.05，表明广告费用与销售量之间的线性关系显著。

11.5　Excel输出的回归结果如下：

回归统计	
Multiple R	0.968 167
R Square	0.937 348
Adjusted R Square	0.916 463
标准误差	3.809 241
观测值	5

方差分析

	df	SS	MS	F	Significance F
回归分析	1	651.269 1	651.269 1	44.883 18	0.006 785
残差	3	43.530 94	14.510 31		
总计	4	694.8			

	Coefficients	标准误差	t Stat	P-value	Lower 95%	Upper 95%
Intercept	13.625 41	4.399 428	3.097 086	0.053 417	−0.375 54	27.626 35
X Variable 1	2.302 932	0.343 747	6.699 491	0.006 785	1.208 974	3.396 889

由上述结果可知：回归方程为 $\hat{y}=13.625\ 4+2.302\ 9x$，回归系数表明，$x$ 每增加1个单位，y 平均增加2.302 9个单位；判定系数 $R^2=93.74\%$，表明回归方程的拟合程度较高；估计标准误差 $s_e=3.809\ 2$，表明用 x 来预测 y 时平均的预测误差为3.809 2。

11.6　（1）Excel输出的回归结果如下：

回归统计	
Multiple R	0.830 868
R Square	0.690 342
Adjusted R Square	0.628 41
标准误差	7.877 531
观测值	7

方差分析

	df	SS	MS	F	Significance F
回归分析	1	691.722 6	691.722 6	11.146 84	0.020 582
残差	5	310.277 4	62.055 49		
总计	6	1 002			

	Coefficients	标准误差	t Stat	P-value	Lower 95%	Upper 95%
Intercept	29.399 11	4.807 253	6.115 573	0.001 695	17.041 67	41.756 55
X Variable 1	1.547 478	0.463 499	3.338 688	0.020 582	0.356 016	2.738 939

估计的回归方程为：$\hat{y}=29.399\ 1+1.547\ 478x$

(2) 由于 Significance F$=0.020\ 582<\alpha=0.05$，表明广告费支出与销售额之间的线性关系显著。

(3) 关于 x 的残差图如下：

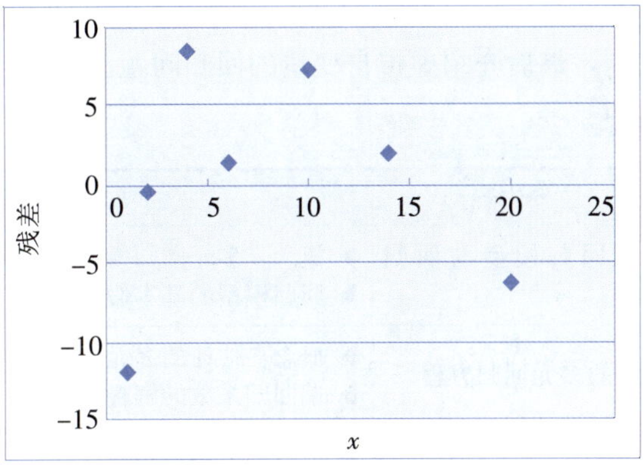

从残差图可以看出，关于误差项 ε 的假定并不成立。

(4) 虽然线性关系通过了显著性检验，但从残差图来看，关于 x 与 y 之间存在线性关系的假设仍值得怀疑。因此可考虑选用非线性模型。

第12章 多元线性回归

一、学习指导

多元线性回归是涉及两个以上自变量的回归问题。本章首先介绍多元回归分析方法，然后介绍多重共线性问题，最后介绍虚拟自变量的回归问题。本章各节的主要内容和学习要点总结在下面的表格中。

章节	主要内容	学习要点
12.1 多元线性回归模型	多元回归模型与回归方程	▶ 概念：多元回归模型，多元回归方程。 ▶ 回归模型的基本假定。
	估计的多元回归方程	▶ 概念：估计的多元回归方程。 ▶ 偏回归系数的解释。
	参数的最小二乘估计	▶ 参数的最小二乘估计。 ▶ 用 Excel 进行回归。
12.2 回归方程的拟合优度	多重判定系数	▶ 概念：多重判定系数，调整的多重判定系数。 ▶ 多重判定系数的计算和解释。 ▶ 调整的多重判定系数的计算和解释。 ▶ Excel 回归输出结果的解释和应用。
	估计标准误差	▶ 估计标准误差的计算和解释。 ▶ Excel 回归输出结果的解释和应用。
12.3 显著性检验	线性关系检验	▶ 线性关系检验的步骤。 ▶ Excel 回归输出结果的解释和应用。
	回归系数检验和推断	▶ 回归系数检验的步骤。 ▶ 线性关系检验与回归系数检验的区别。 ▶ 回归系数的推断。 ▶ Excel 回归输出结果的解释和应用。

续表

章节	主要内容	学习要点
12.4　多重共线性	多重共线性及其所产生的问题	▶ 概念：多重共线性。 ▶ 多重共线性对回归模型的影响。
	多重共线性的判别	▶ 多重共线性的识别方法。
	多重共线性问题的处理	▶ 多重共线性的处理方法。
12.5　利用回归方程进行预测	利用回归方程进行估计和预测	▶ 利用回归方程进行预测。
12.6　变量选择与逐步回归	变量选择过程	▶ 变量选择的意义。
	向前选择	▶ 向前选择的原理。
	向后剔除	▶ 向后剔除的原理。
	逐步回归	▶ 逐步回归的原理和应用。

二、主要公式

名称	公式
多元线性回归模型	$y=\beta_0+\beta_1x_1+\beta_2x_2+\cdots+\beta_kx_k+\varepsilon$
估计的多元线性回归方程	$\hat{y}=\hat{\beta}_0+\hat{\beta}_1x_1+\hat{\beta}_2x_2+\cdots+\hat{\beta}_kx_k$
多重判定系数	$R^2=\frac{SSR}{SST}=\frac{\sum(\hat{y}_i-\bar{y})^2}{\sum(y_i-\bar{y})^2}$
调整的多重判定系数	$R_a^2=1-(1-R^2)\left(\frac{n-1}{n-k-1}\right)$
估计标准误差	$s_e=\sqrt{\frac{\sum(y_i-\hat{y}_i)^2}{n-k-1}}=\sqrt{\frac{SSE}{n-k-1}}$
线性关系检验的统计量	$F=\frac{SSR/k}{SSE/(n-k-1)}\sim F(k,n-k-1)$
回归系数检验的统计量	$t_i=\frac{\hat{\beta}_i}{s_{\hat{\beta}_i}}\sim t(n-k-1)$

三、选择题

1. 在多元线性回归分析中，t 检验是用来检验（　　）。

A. 总体线性关系的显著性

B. 各回归系数的显著性

C. 样本线性关系的显著性

D. $H_0: \beta_1 = \beta_2 = \cdots = \beta_k = 0$

2. 在多元线性回归模型中，若自变量 x_i 对因变量 y 的影响不显著，那么它的回归系数 β_i 的取值（　　）。

A. 可能为 0　　B. 可能为 1　　C. 可能小于 0　　D. 可能大于 1

3. 在多元线性回归方程 $\hat{y}_i = \hat{\beta}_0 + \hat{\beta}_1 x_1 + \hat{\beta}_2 x_2 + \cdots + \hat{\beta}_k x_k$ 中，回归系数 $\hat{\beta}_i$ 表示（　　）。

A. 自变量 x_i 变动 1 个单位时，因变量 y 的平均变动额为 $\hat{\beta}_i$

B. 其他变量不变的条件下，自变量 x_i 变动 1 个单位时，因变量 y 的平均变动额为 $\hat{\beta}_i$

C. 其他变量不变的条件下，自变量 x_i 变动 1 个单位时，因变量 y 的变动总额为 $\hat{\beta}_i$

D. 因变量 y 变动 1 个单位时，因变量 x_i 的变动总额为 $\hat{\beta}_i$

4. 设自变量的个数为 5，样本容量为 20。在多元回归分析中，估计标准误差的自由度为（　　）。

A. 20　　B. 15　　C. 14　　D. 18

5. 在多元回归分析中，通常需要计算调整的多重判定系数 R_a^2，这样可以避免 R_a^2 的值（　　）。

A. 由于模型中自变量个数的增加而越来越接近 1

B. 由于模型中自变量个数的增加而越来越接近 0

C. 由于模型中样本容量的增加而越来越接近 1

D. 由于模型中样本容量的增加而越来越接近 0

6. 在多元线性回归分析中，如果 F 检验表明线性关系显著，则意味着（　　）。

A. 在多个自变量中至少有一个自变量与因变量之间的线性关系显著

B. 所有的自变量与因变量之间的线性关系都显著

C. 在多个自变量中至少有一个自变量与因变量之间的线性关系不显著

D. 所有的自变量与因变量之间的线性关系都不显著

7. 在多元线性回归分析中，如果 t 检验表明回归系数 β_i 不显著，则意味着（　　）。

A. 整个回归方程的线性关系不显著

B. 整个回归方程的线性关系显著

C. 自变量 x_i 与因变量之间的线性关系不显著

D. 自变量 x_i 与因变量之间的线性关系显著

8. 设多元线性回归方程为 $\hat{y} = \hat{\beta}_0 + \hat{\beta}_1 x_1 + \hat{\beta}_2 x_2 + \cdots + \hat{\beta}_k x_k$，若自变量 x_i 的回归系数 $\hat{\beta}_i$ 的取值接近 0，这表明（　　）。

A. 因变量 y 对自变量 x_i 的影响不显著

B. 因变量 y 对自变量 x_i 的影响显著

C. 自变量 x_i 对因变量 y 的影响不显著

D. 自变量 x_i 对因变量 y 的影响显著

9. 一家出租汽车公司为确定合理的管理费用，需要研究出租车司机每天的收入（元）与他的行驶时间（小时）、行驶的里程（公里）之间的关系，为此随机调查了 20 位出租车司机，根据每天的收入（y）、行驶时间（x_1）和行驶的里程（x_2）的有关数据进行回归，得到下面的有关结果（α=0.05）：

方程的截距 $\hat{\beta}_0$=42.38	截距的标准差 $s_{\hat{\beta}_0}$=36.59	回归平方和 SSR=29 882
回归系数 $\hat{\beta}_1$=9.16	回归系数的标准差 $s_{\hat{\beta}_1}$=4.78	残差平方和 SSE=5 205
回归系数 $\hat{\beta}_2$=0.46	回归系数的标准差 $s_{\hat{\beta}_2}$=0.14	—

根据上表计算的判定系数为（　　）。

A. 0.922 9　　B. 1.148 3　　C. 0.385 2　　D. 0.851 6

10. 一家出租汽车公司为确定合理的管理费用，需要研究出租车司机每天的收入（元）与他的行驶时间（小时）、行驶的里程（公里）之间的关系，为此随机调查了 20 位出租车司机，根据每天的收入（y）、行驶时间（x_1）和行驶的里程（x_2）的有关数据进行回归，得到下面的有关结果（α=0.05）：

方程的截距 $\hat{\beta}_0$=42.38	截距的标准差 $s_{\hat{\beta}_0}$=36.59	回归平方和 SSR=29 882
回归系数 $\hat{\beta}_1$=9.16	回归系数的标准差 $s_{\hat{\beta}_1}$=4.78	残差平方和 SSE=5 205
回归系数 $\hat{\beta}_2$=0.46	回归系数的标准差 $s_{\hat{\beta}_2}$=0.14	—

根据上表计算的估计标准误差为（　　）。

A. 306.18　　B. 17.50　　C. 16.13　　D. 41.93

11. 一家出租汽车公司为确定合理的管理费用，需要研究出租车司机每天的收入（元）与他的行驶时间（小时）、行驶的里程（公里）之间的关系，为此随机调查了 20 位出租车司机，根据每天的收入（y）、行驶时间（x_1）和行驶的里程（x_2）的有关数据进行回归，得到下面的有关结果（α=0.05）：

方程的截距 $\hat{\beta}_0$=42.38	截距的标准差 $s_{\hat{\beta}_0}$=36.59	回归平方和 SSR=29 882
回归系数 $\hat{\beta}_1$=9.16	回归系数的标准差 $s_{\hat{\beta}_1}$=4.78	残差平方和 SSE=5 205
回归系数 $\hat{\beta}_2$=0.46	回归系数的标准差 $s_{\hat{\beta}_2}$=0.14	—

根据上表计算的用于检验线性关系的统计量 F=（　　）。

A. 306.18　　B. 48.80　　C. 5.74　　D. 41.93

12. 一家产品销售公司在 30 个地区设有销售分公司。为研究产品销售量（y）与该公司的销售价格（x_1）、各地区的年人均收入（x_2）、广告费用（x_3）之间的关系，收集到 30 个地区的有关数据。利用 Excel 得到下面的回归结果（α=0.05）：

	Coefficients	标准误差	t Stat	P-value
Intercept	7 589.102 5	2 445.021 3	3.103 9	0.004 57
X Variable 1	−117.886 1	31.897 4	−3.695 8	0.001 03
X Variable 2	80.610 7	14.767 6	5.458 6	0.000 01
X Variable 3	0.501 2	0.125 9	3.981 4	0.000 49

根据上表可知（　　）。

A. 回归系数 β_1 不显著，β_2 和 β_3 显著

B. 回归系数 β_1 和 β_2 不显著，β_3 显著

C. 回归系数 β_1，β_2 和 β_3 都不显著

D. 回归系数 β_1，β_2 和 β_3 都显著

13. 在多元回归分析中，多重共线性是指模型中（　　）。

A. 两个或两个以上的自变量彼此相关

B. 两个或两个以上的自变量彼此无关

C. 因变量与一个自变量相关

D. 因变量与两个或两个以上的自变量相关

14. 多重判定系数 R^2 的平方根度量了（　　）。

A. k 个自变量之间的相关程度

B. 因变量同 k 个自变量之间的相关程度

C. 因变量之间的相关程度

D. 因变量同某个自变量之间的相关程度

15. 下面的陈述正确的是（　　）。

A. 若 F 检验表明回归方程的线性关系显著，则意味着每个自变量同因变量的关系都显著

B. 若 F 检验表明回归方程的线性关系显著，则意味着至少有一个自变量同因变量的关系显著

C. 若 F 检验表明回归方程的线性关系显著，则意味着每个自变量同因变量的关系都不显著

D. 若 F 检验表明回归方程的线性关系显著，则意味着至少有一个自变量同因变量的关系不显著

16. 在 Excel 输出的方差分析表中，Significance F 值是（　　）。

A. 计算出的统计量 F 值　　B. 给定显著性水平 α 的 F 临界值

C. 用于检验回归系数显著性的 P 值　　D. 用于检验线性关系显著性的 P 值

17. 设估计的多元线性回归方程为 $\hat{y}=\hat{\beta}_0+\hat{\beta}_1x_1+\hat{\beta}_2x_2+\hat{\beta}_3x_3$，若回归系数 β_2 没有通过检验，则表明（　　）。

A. 整个回归模型的线性关系不显著

B. 自变量 x_2 同因变量 y 的线性关系肯定不显著

C. 自变量 x_1，x_2，x_3 之间肯定存在多重共线性

D. 自变量 x_1，x_2，x_3 之间可能存在多重共线性

18. 如果回归模型中存在多重共线性，则（　　）。

A. 整个回归模型的线性关系不显著

B. 肯定有一个回归系数通不过显著性检验

C. 肯定导致某个回归系数的符号与预期的相反

D. 可能导致某些回归系数通不过显著性检验

19. 如果某个回归系数的正负号与预期的相反，则表明（　　）。

A. 所建立的回归模型是错误的

B. 该自变量与因变量之间的线性关系不显著

C. 模型中可能存在多重共线性

D. 模型中肯定不存在多重共线性

20. 如果回归模型中存在多重共线性，则（　　）。

A. 不能对因变量 y 值进行预测

B. 对因变量 y 值进行预测时应限定在自变量样本值的范围内

C. 无法对回归系数进行显著性检验

D. 无法对回归模型的线性关系进行检验

四、选择题答案

1. B	2. A	3. B	4. C	5. A	6. A
7. C	8. C	9. D	10. B	11. B	12. D
13. A	14. B	15. B	16. D	17. D	18. D
19. C	20. B				

五、教材练习题详细解答

12.1　由 Excel 输出的回归结果如下：

回归统计	
Multiple R	0.459 234
R Square	0.210 896
Adjusted R Square	−0.014 56
标准误差	13.341 22
观测值	10

方差分析

	df	SS	MS	F	Significance F
回归分析	2	332.983 7	166.491 9	0.935 41	0.436 485
残差	7	1 245.916	177.988		
总计	9	1 578.9			

	Coefficients	标准误差	t Stat	P-value	Lower 95%	Upper 95%
Intercept	25.028 7	22.278 63	1.123 44	0.298 298	−27.651 9	77.709 218
X Variable 1	−0.049 71	0.105 992	−0.469 04	0.653 301	−0.300 35	0.200 918
X Variable 2	1.928 169	1.472 16	1.309 755	0.231 624	−1.552 94	5.409 276

得到的回归方程为：$\hat{y}=25.028\ 7-0.049\ 71x_1+1.928\ 169x_2$。$\hat{\beta}_1=-0.049\ 71$ 表示，在 x_2 不变的条件下，x_1 每变化 1 个单位，y 平均下降 0.049 71 个单位；$\hat{\beta}_2=1.928\ 169$表示，在 x_1 不变的条件下，x_2 每变化 1 个单位，y 平均增加1.928 169个单位。

判定系数 $R^2=21.09\%$，表示在因变量的变差中能够被 y 与 x_1 和 x_2 之间的线性关系所解释的比例为 21.09%。由于这一比例很低，表明回归方程的拟合程度很差。估计标准误差 $s_e=13.341\ 22$，预测误差也较大。

方差分析表显示，Significance F=0.436 485>$\alpha=0.05$，表明 y 与 x_1 和 x_2 之间的线性关系不显著。用于回归系数检验的 P 值均大于 $\alpha=0.05$，表明两个回归系数均不显著。

当 $x_1=200$，$x_2=7$ 时，y 的预测值为：

$$\hat{y}=25.028\ 7-0.049\ 71\times200+1.928\ 169\times7=28.58$$

12.2　(1) 由 Excel 输出的回归结果如下：

回归统计	
Multiple R	0.807 807
R Square	0.652 553
Adjusted R Square	0.594 645
标准误差	1.215 175
观测值	8

方差分析

	df	SS	MS	F	Significance F
回归分析	1	16.640 1	16.640 1	11.268 81	0.015 288
残差	6	8.859 903	1.476 651		
总计	7	25.5			

	Coefficients	标准误差	t Stat	P-value	Lower 95%	Upper 95%
Intercept	88.637 68	1.582 367	56.015 88	2.17E-09	84.765 77	92.509 59
X Variable 1	1.603 865	0.477 781	3.356 905	0.015 288	0.434 777	2.772 952

估计的回归方程为：$\hat{y}=88.63768+1.603865x$

（2）由 Excel 输出的回归结果如下：

回归统计	
Multiple R	0.958 663
R Square	0.919 036
Adjusted R Square	0.886 65
标准误差	0.642 587
观测值	8

方差分析

	df	SS	MS	F	Significance F
回归分析	2	23.435 41	11.717 7	28.377 77	0.001 865
残差	5	2.064 592	0.412 918		
总计	7	25.5			

	Coefficients	标准误差	t Stat	P-value	Lower 95%	Upper 95%
Intercept	83.230 09	1.573 869	52.882 48	4.57E-08	79.184 33	87.275 85
X Variable 1	2.290 184	0.304 065	7.531 899	0.000 653	1.508 561	3.071 806
X Variable 2	1.300 989	0.320 702	4.056 697	0.009 761	0.476 599	2.125 379

估计的回归方程为：$\hat{y}=83.23009+2.290184x_1+1.300989x_2$

（3）不相同。在月销售收入与电视广告费用的方程中，回归系数 $\hat{\beta}_1=1.603865$ 表示电视广告费用每增加 1 万元，月销售额平均增加 1.603 865 万元；在月销售收入与电视广告费用和报纸广告费用的方程中，回归系数 $\hat{\beta}_1=2.290184$ 表示在报纸广告费用不变的条件下，电视广告费用每增加 1 万元，月销售额平均增加 2.290 184 万元。

（4）$R^2=91.9036\%$，$R_a^2=88.665\%$。表明在销售收入的总变差中，被估计的回归方程所解释的比例为 88.665%。

（5）β_1 的 P-value=0.000 653，β_2 的 P-value=0.009 761，均小于 $\alpha=0.05$，两个回归系数均显著。

12.3　（1）由 Excel 输出的回归结果如下：

回归统计	
Multiple R	0.995 651
R Square	0.991 321
Adjusted R Square	0.986 982
标准误差	261.431
观测值	7

方差分析

	df	SS	MS	F	Significance F
回归分析	2	31 226 615	15 613 308	228.444 5	7.53E-05
残差	4	273 384.7	68 346.19		
总计	6	31 500 000			

	Coefficients	标准误差	t Stat	P-value	Lower 95%	Upper 95%
Intercept	−0.591	505.004 2	−0.001 17	0.999 122	−1 402.71	1 401.526
X Variable 1	22.386 46	9.600 544	2.331 791	0.080 095	−4.268 92	49.041 84
X Variable 2	327.671 7	98.797 92	3.316 585	0.029 472	53.364 7	601.978 7

早稻收获量对春季降雨量和春季温度的二元线性回归方程为：

$$\hat{y}=-0.591\ 0+22.386\ 5x_1+327.671\ 7x_2$$

（2）回归系数$\hat{\beta}_1=22.386\ 5$表示，降雨量每增加1mm，小麦收获量会平均增加22.386 5 kg/hm^2；回归系数$\hat{\beta}_2=327.671\ 7$表示，温度每增加1℃，小麦收获量会平均增加327.671 7 kg/hm^2。

（3）从降雨量和温度与收获量的关系看，两个变量与收获量之间都存在较强的关系，而且温度与降雨量之间也存在较强的关系，因此，模型中可能存在多重共线性。

12.4　（1）由Excel输出的回归结果如下：

回归统计	
Multiple R	0.947 362
R Square	0.897 496
Adjusted R Square	0.878 276
标准误差	791.682 3
观测值	20

方差分析

	df	SS	MS	F	Significance F
回归分析	3	87 803 505	29 267 835	46.696 97	3.88E-08
残差	16	10 028 175	626 760.9		
总计	19	97 831 680			

	Coefficients	标准误差	t Stat	P-value	Lower 95%	Upper 95%
Intercept	148.700 5	574.421 3	0.258 87	0.799 036	−1 069.02	1 366.419
X Variable 1	0.814 738	0.511 989	1.591 321	0.131 099	−0.270 63	1.900 105
X Variable 2	0.820 98	0.211 177	3.887 646	0.001 307	0.373 305	1.268 654
X Variable 3	0.135 041	0.065 863	2.050 322	0.057 088	−0.004 58	0.274 665

估计的多元回归方程为：

$$\hat{y}=148.700\ 5+0.814\ 7x_1+0.821\ 0x_2+0.135\ 0x_3$$

（2）判定系数 $R^2=89.75\%$，调整的判定系数 $R_a^2=87.83\%$。表明销售价格的总变差中，被估计的回归方程所解释的比例为 87.83%。

（3）由于 Significance F=3.88E-08<α=0.05，线性关系显著。

（4）β_1 的 P-value=0.131 1>α=0.05，不显著；β_2 的 P-value=0.001 3<α=0.05，显著；β_3 的 P-value=0.057 1>α=0.05，不显著。

12.5　（1）由 Excel 的"CORREL"函数计算的系数 $r_{yx_1}=0.308\ 95$；$r_{yx_2}=0.001\ 21$。检验的统计量分别为：

$$t_1=|r|\sqrt{\frac{n-2}{1-r^2}}=|0.308\ 95|\times\sqrt{\frac{15-2}{1-0.308\ 95^2}}=1.171\ 2$$

$$t_2=|r|\sqrt{\frac{n-2}{1-r^2}}=|0.001\ 21|\times\sqrt{\frac{15-2}{1-0.001\ 21^2}}=0.004\ 4$$

取 $\alpha=0.05$，$t_{0.05/2}(15-2)=2.160$。由于检验统计量 $t_1=1.171\ 2<t_{\alpha/2}=2.160$，$t_2=0.004\ 4<t_{\alpha/2}=2.160$。因此没有证据表明销售价格与购进价格、销售价格与销售费用之间存在线性关系。

（2）无效。

（3）由 Excel 输出的回归结果如下：

回归统计	
Multiple R	0.593 684
R Square	0.352 46
Adjusted R Square	0.244 537
标准误差	69.751 21
观测值	15

方差分析

	df	SS	MS	F	Significance F
回归分析	2	31 778.15	15 889.08	3.265 842	0.073 722
残差	12	58 382.78	4 865.232		
总计	14	90 160.93			

	Coefficients	标准误差	t Stat	P-value	Lower 95%	Upper 95%
Intercept	375.601 8	339.410 6	1.106 63	0.290 145	−363.91	1 115.114
X Variable 1	0.537 841	0.210 447	2.555 711	0.025 2	0.079 317	0.996 365
X Variable 2	1.457 194	0.667 707	2.182 386	0.049 681	0.002 386	2.912 001

回归方程为：$\hat{y}=375.601\ 8+0.537\ 8x_1+1.457\ 2x_2$

由于 Significance F=0.073 722>α=0.05，线性关系不显著。

（4）$R^2=35.25\%$，$R_a^2=24.45\%$。所得结论与问题（2）一致。

（5）由 Excel 的"CORREL"函数计算的系数 $r_{x_1x_2}=-0.852\ 9$，两个自变量高度负相关。

（6）由于两个自变量高度负相关，可能存在多重共线性。建议将一个自变量从模型中剔除。

第13章 时间序列分析和预测

一、学习指导

分析时间序列数据的主要目的是对未来的观测值进行预测。本章在给出时间序列概念及分类的基础上，首先介绍了时间序列的描述性分析方法，然后介绍平稳序列和非平稳序列的一些预测方法，最后介绍复合型序列的分解预测方法。本章各节的主要内容和学习要点总结在下面的表格中。

章节	主要内容	学习要点
13.1 时间序列及其分解	时间序列及其分解	▶ 概念：时间序列，平稳序列，非平稳序列，趋势，季节性，周期性，随机性。 ▶ 时间序列的分解模型。
13.2 时间序列的描述性分析	图形描述	▶ 时间序列的图形描述。
	增长率分析	▶ 概念：增长率，环比增长率，定基增长率，平均增长率，增长1%绝对值。 ▶ 一般增长率的计算与分析。 ▶ 平均增长率的计算与分析。 ▶ 增长率分析中应注意的问题。 ▶ 增长1%绝对值的计算和应用。
13.3 预测方法的选择	选择预测方法	▶ 时间序列的类型和预测方法。
	预测方法的评估	▶ 预测误差的计算。
13.4 平稳序列的预测	简单平均法	▶ 简单平均法预测。
	移动平均法	▶ 移动平均法预测。 ▶ 用Excel进行移动平均预测。
	指数平滑法	▶ 指数平滑法预测。 ▶ 用Excel进行指数平滑预测。

续表

章节	主要内容	学习要点
13.5　趋势型序列的预测	线性趋势预测	▶ 直线趋势方程的求法。 ▶ 直线趋势方程预测。 ▶ 用 Excel 进行线性趋势预测。
	非线性趋势预测	▶ 指数趋势预测。 ▶ 指数曲线和直线的区别。 ▶ 多阶曲线。 ▶ 用 Excel 进行非线性趋势预测。
13.6　复合型序列的分解预测	确定并分离季节成分	▶ 季节指数的计算。 ▶ 分离季节成分。
	建立预测模型并进行预测	▶ 建立预测模型并进行预测。
	计算最后的预测值	▶ 计算最后的预测值。

二、主要公式

名称	公式
环比增长率	$G_i = \dfrac{Y_i}{Y_{i-1}} - 1$
定基增长率	$G_i = \dfrac{Y_i - Y_0}{Y_0} = \dfrac{Y_i}{Y_0} - 1$
平均增长率	$\bar{G} = \sqrt[n]{\dfrac{Y_1}{Y_0} \times \dfrac{Y_2}{Y_1} \times \cdots \times \dfrac{Y_n}{Y_{n-1}}} - 1 = \sqrt[n]{\dfrac{Y_n}{Y_0}} - 1$
简单平均法预测	$F_{t+1} = \dfrac{1}{t}(Y_1 + Y_2 + \cdots + Y_t) = \dfrac{1}{t}\sum_{i=1}^{t} Y_i$
移动平均法预测	$F_{t+1} = \bar{Y}_t = \dfrac{Y_{t-k+1} + Y_{t-k+2} + \cdots + Y_{t-1} + Y_t}{k}$
指数平滑法预测	$F_{t+1} = \alpha Y_t + (1-\alpha) F_t$
线性趋势方程的截距和斜率	$\begin{cases} b_1 = \dfrac{n\sum tY - \sum t \sum Y}{n\sum t^2 - (\sum t)^2} \\ b_0 = \bar{Y} - b_1 \bar{t} \end{cases}$

续表

名称	公式
指数曲线的标准方程组	$\begin{cases}\sum \lg Y = n\lg b_0 + \lg b_1 \sum t \\ \sum t\lg Y = \lg b_0 \sum t + \lg b_1 \sum t^2\end{cases}$
k 阶曲线方程	$\hat{Y}_t = b_0 + b_1 t + b_2 t^2 + \cdots + b_k t^k$

三、选择题

1. 不存在趋势的序列称为（　　）。

A. 平稳序列　B. 周期性序列　C. 季节性序列　D. 非平稳序列

2. 包含趋势性、季节性或周期性的序列称为（　　）。

A. 平稳序列　B. 周期性序列　C. 季节性序列　D. 非平稳序列

3. 时间序列在长时期内呈现出来的某种持续向上或持续下降的变动称为（　　）。

A. 趋势　B. 季节性　C. 周期性　D. 随机性

4. 时间序列在一年内重复出现的周期性波动称为（　　）。

A. 趋势　B. 季节性　C. 周期性　D. 随机性

5. 时间序列中呈现出来的围绕长期趋势的一种波浪形或振荡式变动称为（　　）。

A. 趋势　B. 季节性　C. 周期性　D. 随机性

6. 时间序列中除去趋势、周期性和季节性之后的偶然性波动称为（　　）。

A. 趋势　B. 季节性　C. 周期性　D. 随机性

7. 增长率是时间序列中（　　）。

A. 报告期观察值与基期观察值之比

B. 报告期观察值与基期观察值之比减 1 后的结果

C. 报告期观察值与基期观察值之比加 1 后的结果

D. 基期观察值与报告其观察值之比减 1 后的结果

8. 环比增长率是（　　）。

A. 报告期观察值与前一时期观察值之比减 1

B. 报告期观察值与前一时期观察值之比加 1

C. 报告期观察值与某一固定时期观察值之比减 1

D. 报告期观察值与某一固定时期观察值之比加 1

9. 定基增长率是（　　）。

A. 报告期观察值与前一时期观察值之比减 1

B. 报告期观察值与前一时期观察值之比加 1

C. 报告期观察值与某一固定时期观察值之比减 1

D. 报告期观察值与某一固定时期观察值之比加 1

10. 时间序列中各逐期环比值的几何平均数减 1 后的结果称为（　　）。

A. 环比增长率　　B. 定基增长率

C. 平均增长率　　D. 年度化增长率

11. 增长一个百分点而增加的绝对数量称为（　　）。

A. 环比增长率　　B. 平均增长率

C. 年度化增长率　　D. 增长 1%绝对值

12. 判断时间序列是否存在趋势成分的一种方法是（　　）。

A. 计算环出增长率　　B. 利用回归分析拟合一条趋势线

C. 计算平均增长率　　D. 计算季节指数

13. 指数平滑法适合于预测（　　）。

A. 平稳序列　　B. 非平稳序列

C. 有趋势成分的序列　　D. 有季节成分的序列

14. 移动平均法适合于预测（　　）。

A. 平稳序列　　B. 非平稳序列

C. 有趋势成分的序列　　D. 有季节成分的序列

15. 下面的哪种方法不适合于对平稳序列的预测（　　）。

A. 移动平均法　　B. 简单平均法

C. 指数平滑法　　D. 线性模型法

16. 通过对时间序列逐期递移求得平均数作为预测值的一种预测方法称为（　　）。

A. 简单平均法　　B. 加权平均法

C. 移动平均法　　D. 指数平滑法

17. 指数平滑法得到的 $t+1$ 期的预测值等于（　　）。

A. t 期的实际观察值与第 $t+1$ 期指数平滑值的加权平均值

B. t 期的实际观察值与第 t 期指数平滑值的加权平均值

C. t 期的实际观察值与第 $t+1$ 期实际观察值的加权平均值

D. $t+1$ 期的实际观察值与第 t 期指数平滑值的加权平均值

18. 在使用指数平滑法进行预测时，如果时间序列有较大的随机波动，则平滑系数 α 的取值（　　）。

A. 应该小些　　B. 应该大些　　C. 应该等于 0　　D. 应该等于 1

19. 如果现象随着时间的推移其增长量呈现出固定增长或下降的变化规律，则适合的预测方法是（　　）。

A. 移动平均法　　B. 指数平滑法　　C. 线性模型法　　D. 指数模型法

20. 如果时间序列的逐期观察值按一定的增长率增长或衰减，则适合的预测模型是（　　）。

A. 移动平均模型　　B. 指数平滑模型　　C. 线性模型　　D. 指数模型

21. 已知时间序列各期观察值依次为 100，240，370，530，650，810，对这一时间序列进行预测适合的模型是（　　）。

A. 直线模型　　B. 指数曲线模型　　C. 二次曲线模型　　D. 多阶曲线模型

22. 用最小二乘法拟合直线趋势方程为 $\hat{Y}_t=b_0+b_1t$，若 b_1 为负数，表明该现象随着时间的推移呈现出（　　）。

A. 上升趋势　　B. 下降趋势　　C. 水平趋势　　D. 随机波动

23. 对某时间序列建立的指数曲线方程为 $\hat{Y}_t=1\ 500\times(1.2)^t$，这表明该现象（　　）。

A. 每期增长率为 120%　　B. 每期增长率为 20%

C. 每期增长量为 1.2 个单位　　D. 每期的观察值为 1.2 个单位

24. 对某时间序列建立的趋势方程为 $\hat{Y}_t=100\times(0.95)^t$，这表明该序列（　　）。

A. 没有趋势　　B. 呈现线性上升趋势

C. 呈现指数上升趋势　　D. 呈现指数下降趋势

25. 对某时间序列建立的趋势方程为 $\hat{Y}_t=100-5x$，这表明该序列（　　）。

A. 没有趋势　　B. 呈现线性上升趋势

C. 呈现线性下降趋势　　D. 呈现指数下降趋势

26. 对某企业各年的销售额拟合的直线趋势方程为 $\hat{Y}_t=6+1.5x$，这表明（　　）。

A. 时间每增加 1 年，销售额平均增加 1.5 个单位

B. 时间每增加 1 年，销售额平均减少 1.5 个单位

C. 时间每增加 1 年，销售额平均增长 1.5%

D. 下一年度的销售额为 1.5 个单位

27. 对某一时间序列拟合的直线趋势方程为 $\hat{Y}_t=b_0+b_1x$，如果 b_1 的值等于 0，则表明该序列（　　）。

A. 没有趋势　　B. 有上升趋势

C. 有下降趋势　　D. 有非线性趋势

28. 季节指数反映了某一月份或季度的数值占全年平均数值的大小。如果现象的发展没有季节变动，则各期的季节指数应（　　）。

A. 等于 0　　B. 等于 100%　　C. 小于 100%　　D. 大于 100%

29. 根据各年的季度数据计算季节指数，各季节指数的平均数应等于（　　）。

A. 100%　　B. 400%　　C. 4%　　D. 20%

30. 根据各年的月份资料计算的季节指数之和应等于（　　）。

A. 100%　　B. 120%　　C. 400%　　D. 1 200%

31. 根据各季度商品销售额数据计算的季节指数分别为：一季度 125%，二季度 70%，三季度 100%，四季度 105%。受季节因素影响最大的是（　　）。

A. 一季度　　B. 二季度　　C. 三季度　　D. 四季度

32. 根据各季度商品销售额数据计算的季节指数分别为：一季度 125%，二季度 70%，三季度 100%，四季度 105%。不受季节因素影响的是（　　）。

A. 一季度　B. 二季度　C. 三季度　D. 四季度

33. 某地区农民家庭的年平均收入 2019 年为 1 500 元，2020 年增长了 8%，那么 2020 年与 2019 年相比，每增长一个百分点增加的收入额为（　　）。

A. 7 元　B. 8 元　C. 15 元　D. 40 元

34. 某只股票的价格周二上涨了 10%，周三上涨了 5%，两天累计涨幅达（　　）。

A. 15%　B. 15.5%　C. 4.8%　D. 5%

35. 某种商品的价格连续四年环比增长率分别为 8%，10%，9%，12%，该商品价格的年平均增长率为（　　）。

A. $(8\%+10\%+9\%+12\%)\div 4$

B. $[(108\%\times 110\%\times 109\%\times 120\%)-1]\div 4$

C. $\sqrt[3]{108\%\times 110\%\times 109\%\times 120\%}-1$

D. $\sqrt[4]{108\%\times 110\%\times 109\%\times 120\%}-1$

36. 已知某地区 2005 年的财政收入为 150 亿元，2020 年为 1 200 亿元。则该地区的财政收入在这段时间的年平均增长率为（　　）。

A. $1\ 200\div 150-1$　B. $\sqrt[15]{\frac{1\ 200}{150}}$　C. $\sqrt[15]{\frac{1\ 200}{150}}-1$　D. $\sqrt[14]{\frac{1\ 200}{150}}-1$

37. 对时间序列数据作季节调整的目的是（　　）。

A. 消除时间序列中季节变动的影响

B. 描述时间序列中季节变动的影响

C. 消除时间序列中趋势的影响

D. 消除时间序列中随机波动的影响

38. 如果某月的商品销售额为 84 万元，该月的季节指数等于 1.2，在消除季节因素后该月的销售额为（　　）。

A. 60 万元　B. 70 万元　C. 90.8 万元　D. 100.8 万元

四、选择题答案

1. A	2. D	3. A	4. B	5. C	6. D
7. B	8. A	9. C	10. C	11. D	12. B
13. A	14. A	15. D	16. C	17. B	18. B
19. C	20. D	21. A	22. B	23. B	24. D
25. C	26. A	27. A	28. B	29. A	30. D
31. B	32. C	33. C	34. B	35. D	36. C
37. A	38. B				

五、教材练习题详细解答

13.1 （1）第 19 个月的 3 期移动平均预测值为：

$$F_{19}=\frac{587+644+660}{3}=\frac{1\ 891}{3}=630.33$$

（2）由 Excel 输出的指数平滑预测值见下表：

月份	营业额	预测值（α=0.3）	误差平方	预测值（α=0.4）	误差平方	预测值（α=0.5）	误差平方
1	295						
2	283	295.0	144.0	295.0	144.0	295.0	144.0
3	322	291.4	936.4	290.2	1 011.2	289.0	1 089.0
4	355	300.6	2 961.5	302.9	2 712.3	305.5	2 450.3
5	286	316.9	955.2	323.8	1 425.2	330.3	1 958.1
6	379	307.6	5 093.1	308.7	4 949.0	308.1	5 023.3
7	381	329.0	2 699.4	336.8	1 954.5	343.6	1 401.6
8	431	344.6	7 459.6	354.5	5 856.2	362.3	4 722.3
9	424	370.5	2 857.8	385.1	1 514.4	396.6	748.5
10	473	386.6	7 468.6	400.7	5 234.4	410.3	3 928.7
11	470	412.5	3 305.6	429.6	1 632.9	441.7	803.1
12	481	429.8	2 626.2	445.8	1 242.3	455.8	633.5
13	449	445.1	15.0	459.9	117.8	468.4	376.9
14	544	446.3	9 547.4	455.5	7 830.2	458.7	7 274.8
15	601	475.6	15 724.5	490.9	12 120.5	501.4	9 929.4
16	587	513.2	5 443.2	534.9	2 709.8	551.2	1 283.3
17	644	535.4	11 803.7	555.8	7 785.2	569.1	5611.7
18	660	567.9	8 473.4	591.1	4 752.7	606.5	2 857.5
合计	—	—	87 514.7	—	62 992.5	—	50 236

α=0.3 时的预测值：

F_{19}=0.3×660+（1−0.3）×567.9=595.5，误差平方和=87 514.7

α=0.4 时的预测值：

F_{19}=0.4×660+（1−0.4）×591.1=618.7，误差平方和=62 992.5

α=0.5 时的预测值：

F_{19}=0.5×660+（1−0.5）×606.5=633.3，误差平方和=50 236

比较各误差平方和可知，α=0.5 更合适。

(3) 根据最小二乘法，利用 Excel 输出的回归结果如下：

回归统计	
Multiple R	0.967 3
R Square	0.935 6
Adjusted R Square	0.931 6
标准误差	31.662 8
观测值	18

方差分析

	df	SS	MS	F
回归分析	1	232 982.5	232 982.5	232.394 4
残差	16	16 040.49	1 002.53	
总计	17	249 022.9		

	Coefficients	标准误差	t Stat	P-value
Intercept	239.732 03	15.570 55	15.396 5	5.16E-11
X Variable 1	21.928 793	1.438 474	15.244 49	5.99E-11

$\hat{Y}_t=239.73+21.928\ 8t$，估计标准误差 $s_Y=31.662\ 8$

13.2　(1) 趋势图如下：

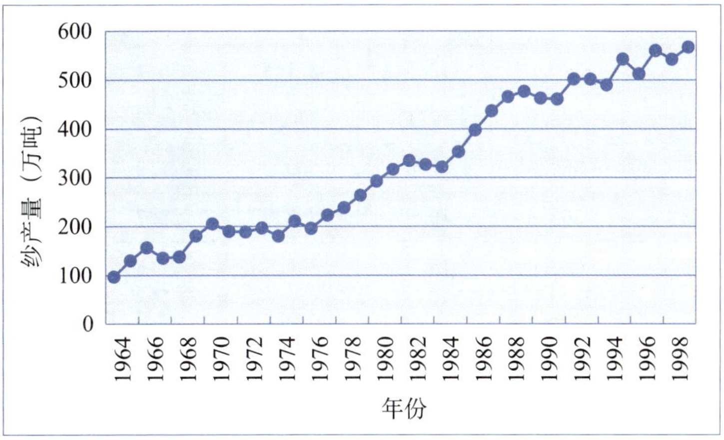

(2) 从图中可以看出，纱产量具有明显的线性趋势。用 Excel 求得的线性趋势方程为：

$\hat{Y}=69.520\ 2+13.949\ 5t$

2000 年预测值为：

$\hat{Y}_{2\ 000}=69.520\ 2+13.949\ 5\times37=585.65=585.65$(万吨)

13.3　在求二阶曲线和三阶曲线时，首先将其线性化，然后用最小二乘法按线性回归进行求解。用 Excel 求得的趋势直线、二阶曲线和三阶曲线的系数如下：

直线		二阶曲线		三阶曲线	
Intercept	374.161 3	Intercept	381.644 2	Intercept	372.561 7
X Variable 1	−0.613 7	X Variable 1	−1.827 2	X Variable 1	1.003 0
		X Variable 2	0.033 7	X Variable 2	−0.160 1
				X Variable 3	0.003 6

各趋势方程为：

线性趋势：$\hat{Y}=374.161\ 3-0.613\ 7t$

二阶曲线：$\hat{Y}=381.644\ 2-1.827\ 2t+0.033\ 7t^2$

三阶曲线：$\hat{Y}=372.561\ 7+1.003\ 0t-0.160\ 1t^2+0.003\ 6t^3$

根据趋势方程求得的预测值和预测误差如下：

时间 t	观察值 Y	直线		二阶曲线		三阶曲线	
		预测值	误差平方	预测值	误差平方	预测值	误差平方
1	372	373.5	2.4	379.9	61.6	373.4	2.0
2	370	372.9	8.6	378.1	66.0	374.0	15.6
3	374	372.3	2.8	376.5	6.1	374.2	0.1
4	375	371.7	10.8	374.9	0.0	374.2	0.6
5	377	371.1	34.9	373.4	13.3	374.0	8.9
6	377	370.5	42.5	371.9	26.1	373.6	11.6
7	374	369.9	17.1	370.5	12.2	373.0	1.1
8	372	369.3	7.6	369.2	7.9	372.2	0.0
9	373	368.6	19.0	367.9	25.7	371.2	3.1
10	372	368.0	15.8	366.7	27.6	370.2	3.3
11	369	367.4	2.5	365.6	11.4	369.0	0.0
12	367	366.8	0.0	364.6	5.9	367.7	0.6
13	367	366.2	0.7	363.6	11.6	366.4	0.3
14	365	365.6	0.3	362.7	5.4	365.1	0.0
15	363	365.0	3.8	361.8	1.4	363.7	0.5
16	359	364.3	28.5	361.0	4.2	362.3	11.1
17	358	363.7	32.8	360.3	5.4	361.0	8.9
18	359	363.1	16.9	359.7	0.5	359.7	0.5

续表

时间 t	观察值 Y	直线		二阶曲线		三阶曲线	
		预测值	误差平方	预测值	误差平方	预测值	误差平方
19	360	362.5	6.3	359.1	0.8	358.4	2.4
20	357	361.9	23.9	358.6	2.5	357.3	0.1
21	356	361.3	27.8	358.1	4.6	356.3	0.1
22	352	360.7	75.0	357.8	33.2	355.4	11.3
23	348	360.0	145.1	357.5	89.3	354.6	43.7
24	353	359.4	41.4	357.2	17.7	354.0	1.1
25	356	358.8	7.9	357.0	1.1	353.7	5.5
26	356	358.2	4.9	356.9	0.9	353.5	6.3
27	356	357.6	2.5	356.9	0.8	353.6	5.9
28	359	357.0	4.1	356.9	4.4	353.9	25.8
29	360	356.4	13.2	357.0	9.0	354.5	29.8
30	357	355.7	1.6	357.2	0.0	355.5	2.3
31	357	355.1	3.5	357.4	0.2	356.7	0.1
32	355	354.5	0.2	357.7	7.2	358.3	11.0
33	356	353.9	4.4	358.1	4.2	360.3	18.4
34	363	353.3	94.2	358.5	20.4	362.7	0.1
35	365	352.7	151.8	359.0	36.2	365.4	0.2
合计	—	—	854.9	—	524.7	—	232.1

不同趋势线预测的标准误差如下：

直线：$s_Y=\sqrt{\dfrac{\sum\limits_{i=1}^{n}(Y_i-\hat{Y}_i)^2}{n-m}}=\sqrt{\dfrac{854.9}{35-2}}=5.09$

二阶曲线：$s_Y=\sqrt{\dfrac{\sum\limits_{i=1}^{n}(Y_i-\hat{Y}_i)^2}{n-m}}=\sqrt{\dfrac{524.7}{35-3}}=4.05$

三阶曲线：$s_Y=\sqrt{\dfrac{\sum\limits_{i=1}^{n}(Y_i-\hat{Y}_i)^2}{n-m}}=\sqrt{\dfrac{232.1}{35-4}}=2.74$

比较各预测误差可知，直线的误差最大，三阶曲线的误差最小。

从不同趋势方程的预测图也可以看出，三阶曲线与原序列的拟合最好。

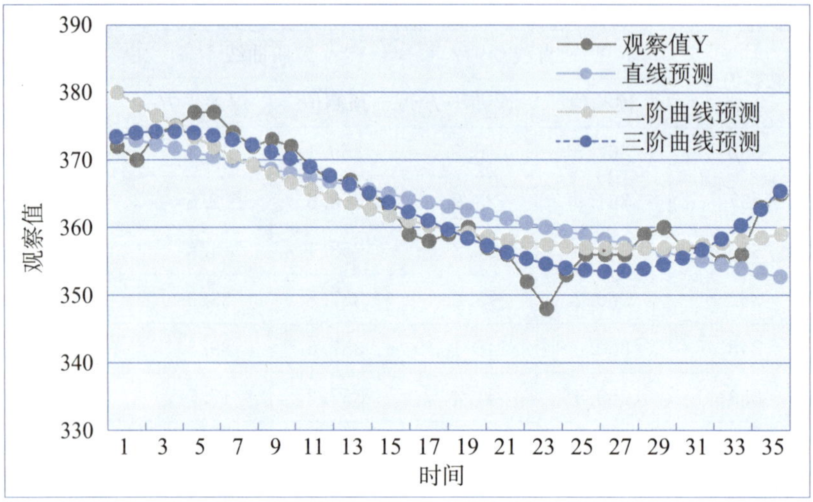

13.4 （1）趋势图如下：

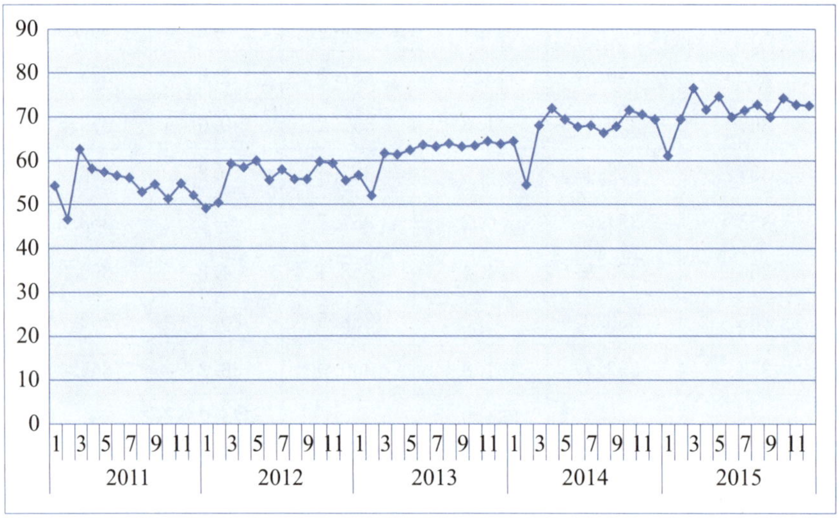

从趋势图可以看出，每一年的各月份数据没有趋势存在，但从2011—2015年的变化看，订单金额存在一定的线性趋势。

（2）由于是预测各月份的订单金额，因此采用移动平均法或指数平滑法比较合适。

（3）用Excel采用12项移动平均法预测的结果为：$F_{2016/1}=71.4$。

用Excel采用指数平滑法（$\alpha=0.4$）预测的预测结果为：$F_{2016/1}=72.5$。

13.5 各季节指数如下：

	1季度	2季度	3季度	4季度
季节指数	0.751 7	0.851 3	1.234 3	1.162 7

根据分离季节因素后的数据计算的趋势方程为：

$$\hat{Y}_t=2\ 043.92+163.706\ 4t$$

第14章 指　数

一、学习指导

指数是应用于经济领域的一种特殊统计方法。本章首先介绍指数的概念和分类，然后介绍加权指数的编制方法以及指数体系的分析和应用，最后介绍实际中几种常用的价格指数以及多指标综合评价指数的编制思路。本章各节的主要内容和学习要点总结在下面的表格中。

章节	主要内容	学习要点
14.1　基本问题	指数概念	▶ 概念：指数。
	指数分类	▶ 概念：个体指数，总指数，数量指标指数，质量指标指数，简单指数，加权指数。
	指数编制中的问题	▶ 选择项目，确定权数，计算方法。
14.2　总指数编制方法	简单指数	▶ 简单综合指数的计算方法，简单平均指数的计算方法。
	加权指数	▶ 加权综合指数的基本公式，拉氏指数和帕氏指数的计算方法。
	加权平均指数	▶ 加权平均指数的编制。
14.3　指数体系	总量指数体系分析	▶ 指数体系编制的原理。
	平均数变动因素分解	▶ 平均数分解的基本原理。
14.4　几种典型的指数	居民消费价格指数	▶ 概念：居民消费价格指数。 ▶ 居民消费价格指数编制的基本过程。 ▶ 居民消费价格指数的作用。
	股票价格指数	▶ 股票价格指数编制的基本原理。
	消费者满意度指数	▶ 消费者满意度指数的用途。
14.5　综合评价指数	综合评价与综合评价指数	▶ 构建综合评价指数的基本步骤。
	综合评价指数的构建方法	▶ 构建综合评价指数的基本过程。

二、主要公式

名称	公式
加权综合销售量指数	$I_q=\dfrac{\sum q_1 p}{\sum q_0 p}$
加权综合价格指数	$I_p=\dfrac{\sum qp_1}{\sum qp_0}$
拉氏数量指标指数	$I_q=\dfrac{\sum q_1 p_0}{\sum q_0 p_0}$
拉氏质量指标指数	$I_p=\dfrac{\sum q_0 p_1}{\sum q_0 p_0}$
帕氏数量指标指数	$I_q=\dfrac{\sum q_1 p_1}{\sum q_0 p_1}$
帕氏质量指标指数	$I_p=\dfrac{\sum q_1 p_1}{\sum q_1 p_0}$
基期总量加权的加权平均数量指数	$A_q=\dfrac{\sum \frac{q_1}{q_0} q_0 p_0}{\sum q_0 p_0}$
基期总量加权的加权平均质量指数	$A_p=\dfrac{\sum \frac{p_1}{p_0} q_0 p_0}{\sum q_0 p_0}$
报告期总量加权的加权平均数量指数	$H_q=\dfrac{\sum q_1 p_1}{\sum \frac{q_0}{q_1} q_1 p_1}$
报告期总量加权的加权平均质量指数	$H_p=\dfrac{\sum q_1 p_1}{\sum \frac{p_0}{p_1} q_1 p_1}$
总量指数	$v=\dfrac{\sum p_1 q_1}{\sum p_0 q_0}$
总量指数体系	$\dfrac{\sum q_1 p_1}{\sum q_0 p_0}=\dfrac{\sum q_1 p_0}{\sum q_0 p_0}\times\dfrac{\sum q_1 p_1}{\sum q_1 p_0}$
平均数变动因素分解	$\dfrac{\frac{\sum x_1 f_1}{\sum f_1}}{\frac{\sum x_0 f_0}{\sum f_0}}=\dfrac{\frac{\sum x_1 f_1}{\sum f_1}}{\frac{\sum x_0 f_1}{\sum f_1}}\times\dfrac{\frac{\sum x_0 f_1}{\sum f_1}}{\frac{\sum x_0 f_0}{\sum f_0}}$

三、选择题

1. 考察总体中个别现象或个别项目数量变动的相对数称为（　　）。
   A. 个体指数　B. 总指数　C. 简单指数　D. 加权指数
2. 反映数量指标变动程度的相对数称为（　　）。
   A. 数量指标指数　B. 质量指标指数　C. 简单指数　D. 加权指数
3. 综合反映多种项目数量变动的相对数称为（　　）。
   A. 数量指数　B. 质量指数　C. 个体指数　D. 总指数
4. 拉氏指数方法是指在编制综合指数时（　　）。
   A. 用基期的变量值加权　B. 用报告期的变量值加权
   C. 用固定某一时期的变量值加权　D. 选择有代表性时期的变量值加权
5. 帕氏指数方法是指在编制综合指数时（　　）。
   A. 用基期的变量值加权　B. 用报告期的变量值加权
   C. 用固定某一时期的变量值加权　D. 选择有代表性时期的变量值加权
6. 拉氏指数的特点是（　　）。
   A. 权数固定在基期，不同时期的指数可以比较
   B. 权数固定在基期，不同时期的指数不能比较
   C. 权数固定在报告期，不同时期的指数可以比较
   D. 权数固定在报告期，不同时期的指数不能比较
7. 设 p 为商品价格，q 为销售量，则指数 $\frac{\sum p_0q_1}{\sum p_0q_0}$ 的实际意义是综合反映（　　）。
   A. 商品销售额的变动程度
   B. 商品价格变动对销售额的影响程度
   C. 商品销售量变动对销售额的影响程度
   D. 商品价格和销售量变动对销售额的影响程度
8. 使用基期价格作权数计算的商品销售量指数（　　）。
   A. 包含了价格变动的影响
   B. 包含了价格和销售量变动的影响
   C. 消除了价格变动的影响
   D. 消除了价格和销售量变动的影响
9. 下列指数公式中哪个是拉氏数量指数公式（　　）。
   A. $\frac{\sum p_1q_1}{\sum p_1q_0}$　B. $\frac{\sum p_1q_0}{\sum p_0q_0}$　C. $\frac{\sum p_0q_1}{\sum p_0q_0}$　D. $\frac{\sum p_1q_1}{\sum p_0q_0}$

10. 下列指数公式中哪个是帕氏价格指数公式（　　）。

A. $\frac{\sum p_1q_1}{\sum p_0q_0}$　　B. $\frac{\sum p_1q_1}{\sum p_0q_1}$　　C. $\frac{\sum p_1q_0}{\sum p_0q_0}$　　D. $\frac{\sum p_1q_1}{\sum p_1q_0}$

11. 在由三个指数构成的综合指数体系中，两个因素指数中的权数必须固定在（　　）。

A. 报告期　　B. 基期　　C. 同一时期　　D. 不同时期

12. 由两个不同时期的总量对比形成的指数称为（　　）。

A. 总量指数　　B. 综合指数

C. 加权综合指数　　D. 加权平均指数

13. 在指数体系中，总量指数与各因素指数之间的数量关系是（　　）。

A. 总量指数等于各因素指数之和　　B. 总量指数等于各因素指数之差

C. 总量指数等于各因素指数之积　　D. 总量指数等于各因素指数之商

14. 某商店商品销售资料如下：

商品名称	销售额指数（%）	价格指数（%）	销售量指数（%）
电视机	100	95	—
洗衣机	—	100	125

表中所缺数值为（　　）。

A. 105 和 125　　B. 95 和 85　　C. 85 和 80　　D. 95 和 80

15. 某百货公司今年同去年相比，所有商品的价格平均提高了10%，销售量平均下降了10%，则商品销售额（　　）。

A. 上升　　B. 下降

C. 保持不变　　D. 可能上升也可能下降

16. 某地区2020年的零售价格指数为105%，这说明（　　）。

A. 商品销售量增长了5%

B. 商品销售价格增长了5%

C. 由于价格变动使销售量增长了5%

D. 由于销售量变动使价格增长了5%

17. 某商场今年与去年相比，销售量增长了15%，价格增长了10%，则销售额增长了（　　）。

A. 4.8%　　B. 26.5%　　C. 1.5%　　D. 4.5%

18. 某商店2020年与2019年相比，商品销售额增长了16%，销售量增长了18%，则销售价格增减变动的百分比为（　　）。

A. 1.7%　　B. −1.7%　　C. 3.7%　　D. −3.7%

19. 某百货公司今年同去年相比，各种商品的价格综合指数为105%，这说明（　　）。

A. 商品价格平均上涨了5%

B. 商品销售量平均上涨了 5%

C. 由于价格提高使销售量上涨了 5%

D. 由于价格提高使销售量下降了 5%

20. 消费价格指数反映了（　　）。

A. 城乡商品零售价格的变动趋势和程度

B. 城乡居民购买生活消费品价格的变动趋势和程度

C. 城乡居民购买服务项目价格的变动趋势和程度

D. 城乡居民购买生活消费品和服务项目价格的变动趋势和程度

21. 三种空调以去年为基期、今年为报告期的销售量指数为 106%，销售额今年比去年增长 8%，则（　　）。

A. 三种空调的价格综合指数为 101.89%

B. 三种空调的价格均有所上涨

C. 价格的提高使销售额提高 101.89%

D. 价格的提高使销售额提高 14.48%

22. 某企业三种产品的生产数据如下：

产品	报告期比基期销售量增长（%）	销售额（万元）	
		基期	报告期
A	1.1	12	9
B	2.3	15	13
C	1.9	10	10

以销售额为权数计算的销售量加权平均指数为（　　）。

A. 101.77%　　B. 101.80%　　C. 101.84%　　D. 101.23%

23. 某企业三种产品的生产数据如下：

产品	报告期比基期销售量增长（%）	销售额（万元）	
		基期	报告期
A	1.1	12	9
B	2.3	15	13
C	1.9	10	10

以销售额为权数计算的价格加权平均指数为（　　）。

A. 88.05%　　B. 84.93%　　C. 88.08%　　D. 84.96%

24. 某商场第一季度的销售额比去年同期销售额增长了 4%，该商场的综合价格指数比去年上涨了 5%，则该商场的销售量增长了（　　）。

A. 2%　　B. −0.95%　　C. 0.96%　　D. −0.96%

25. 已知小姜买的两种股票的综合价格指数上涨了 24 点，本日股票的平均收盘价格为 14 元，则前日股票的平均收盘价格为（　　）元。

A. 10.64　　B. 0.5　　C. 11.29　　D. 1

26. 根据某市楼市2020年度统计，各房型第一季度和第二季度销售量和平均价格数据如下：

房型	销售量（万平方米）		平均价格（元/平方米）	
	第一季度	第二季度	第一季度	第二季度
商品房住宅	562.34	607.45	6 280	6 353
经济适用房	144.40	157.71	3 249	3 303
存量房	115.30	124.72	2 552	2 521
二手房	70.48	71.62	3 368	3 154
商铺写字楼	22.26	20.38	13 881	12 589

第二季度与第一季度相比，各房型的价格上涨幅度为（　　）。

A. 100.14%　　B. 106.78%　　C. 0.14%　　D. 6.78%

27. 根据某市楼市2020年度统计，各房型第一季度和第二季度销售量和平均价格数据如下：

房型	销售量（万平方米）		平均价格（元/平方米）	
	第一季度	第二季度	第一季度	第二季度
商品房住宅	562.34	607.45	6 280	6 353
经济适用房	144.40	157.71	3 249	3 303
存量房	115.30	124.72	2 552	2 521
二手房	70.48	71.62	3 368	3 154
商铺写字楼	22.26	20.38	13 881	12 589

第二季度与第一季度相比，各房型销售量上涨幅度为（　　）。

A. 100.14%　　B. 106.78%　　C. 0.14%　　D. 6.78%

28. 根据某市楼市2020年度统计，各房型第一季度和第二季度销售量和平均价格数据如下：

房型	销售量（万平方米）		平均价格（元/平方米）	
	第一季度	第二季度	第一季度	第二季度
商品房住宅	562.34	607.45	6 280	6 353
经济适用房	144.40	157.71	3 249	3 303
存量房	115.30	124.72	2 552	2 521
二手房	70.48	71.62	3 368	3 154
商铺写字楼	22.26	20.38	13 881	12 589

第二季度与第一季度相比，由于各房型价格上涨而增加的销售额为（　　）万元。

A. 335 654.3　　B. 7 336.23　　C. 328 318.07　　D. 342 990.53

29. 根据某市楼市 2020 年度统计，各房型第一季度和第二季度销售量和平均价格数据如下：

房型	销售量（万平方米）		平均价格（元/平方米）	
	第一季度	第二季度	第一季度	第二季度
商品房住宅	562.34	607.45	6 280	6 353
经济适用房	144.40	157.71	3 249	3 303
存量房	115.30	124.72	2 552	2 521
二手房	70.48	71.62	3 368	3 154
商铺写字楼	22.26	20.38	13 881	12 589

第二季度与第一季度相比，由于各房型销售量上涨而增加的销售额为（　　）万元。

A. 335 654.3　　B. 7 336.23　　C. 328 318.07　　D. 342 990.53

四、选择题答案

1. A	2. A	3. D	4. A	5. B	6. A
7. C	8. C	9. C	10. B	11. D	12. A
13. C	14. A	15. B	16. B	17. B	18. A
19. A	20. D	21. A	22. B	23. D	24. B
25. C	26. C	27. D	28. B	29. C	

五、教材练习题详细解答

14.1　(1) 甲产品产量指数为：$I_{q甲}=\dfrac{q_{1甲}}{q_{0甲}}=\dfrac{2\ 200}{2\ 000}=110.00\%$

甲产品单位成本指数为：$I_{p甲}=\dfrac{p_{1甲}}{p_{0甲}}=\dfrac{12.5}{12.0}=104.17\%$

乙产品产量指数为：$I_{q乙}=\dfrac{q_{1乙}}{q_{0乙}}=\dfrac{6\ 000}{5\ 000}=120.00\%$

乙产品单位成本指数为：$I_{p乙}=\dfrac{p_{1乙}}{p_{0乙}}=\dfrac{6.0}{6.2}=96.77\%$

(2) 两种产品产量总指数：

拉氏产量指数计算结果为：

$$I_q=\frac{\sum p_0q_1}{\sum p_0q_0}=\frac{2\ 200\times 12.0+6\ 000\times 6.2}{2\ 000\times 12.0+5\ 000\times 6.2}=115.64\%$$

帕氏产量指数计算结果为：

$$I_q=\frac{\sum p_1q_1}{\sum p_1q_0}=\frac{2\ 200\times12.5+6\ 000\times6.0}{2\ 000\times12.5+5\ 000\times6.0}=115.45\%$$

由于产量增加而增加的生产费用为：

$$\sum p_0q_1-\sum p_0q_0=(12.0\times2\ 200+6.2\times6\ 000)-(12.0\times2\ 000+6.2\times5\ 000)$$
$$=8\ 600(\text{元})$$

（3）两种产品单位成本总指数：

拉氏产品单位成本指数计算结果为：

$$I_p=\frac{\sum p_1q_0}{\sum p_0q_0}=\frac{2\ 000\times12.5+5\ 000\times6.0}{2\ 000\times12.0+5\ 000\times6.2}=100.00\%$$

帕氏产品单位成本指数计算结果为：

$$I_p=\frac{\sum p_1q_1}{\sum p_0q_1}=\frac{2\ 200\times12.5+6\ 000\times6.0}{2\ 200\times12.0+6\ 000\times6.2}=99.84\%$$

由于成本降低而节省的费用为：

$$\sum p_0q_1-\sum p_1q_1=(12.0\times2\ 200+6.2\times6\ 000)-(12.5\times2\ 200+6.0\times6\ 000)$$
$$=100(\text{元})$$

14.2　（1）三种商品的销售额总指数为：

$$I_{pq}=\frac{\sum p_1q_1}{\sum p_0q_0}=\frac{115\times100+220\times55+315\times25}{100\times100+200\times50+300\times20}=121.06\%$$

（2）销售量和价格变动对销售额影响的绝对值为：

$$\sum p_1q_1-\sum p_0q_0=100\times115+55\times220+25\times315-(100\times100+50\times200+$$
$$20\times300)=5\ 475(\text{元})$$

销售量变动对销售额影响的相对值为：

$$\sum p_0q_1-\sum p_0q_0=100\times115+50\times220+20\times315-(100\times100+50\times200+$$
$$20\times300)=2\ 800(\text{元})$$

价格变动对销售额影响的相对值为：

$$\sum p_1q_1-\sum p_0q_1=100\times115+55\times220+25\times315-(100\times115+50\times220+$$
$$20\times315)=2\ 675(\text{元})$$

14.3　拉氏销售量指数计算结果为：

$$I_q=\frac{\sum p_0q_1}{\sum p_0q_0}=\frac{0.25\times600+0.4\times600+0.5\times180}{0.25\times400+0.4\times500+0.5\times200}=120.00\%$$

帕氏销售量指数计算结果为：

$$I_q=\frac{\sum p_1q_1}{\sum p_1q_0}=\frac{0.2\times600+0.36\times600+0.6\times180}{0.2\times400+0.36\times500+0.6\times200}=116.84\%$$

拉氏价格指数计算结果为：

$$I_p=\frac{\sum p_1q_0}{\sum p_0q_0}=\frac{0.2\times400+0.36\times500+0.6\times200}{0.25\times400+0.4\times500+0.5\times200}=95.00\%$$

帕氏价格指数计算结果为：

$$I_p=\frac{\sum p_1q_1}{\sum p_0q_1}=\frac{0.2\times600+0.36\times600+0.6\times180}{0.25\times600+0.4\times600+0.5\times180}=92.50\%$$

14.4

$$A_q=\frac{\sum\frac{q_1}{q_0}q_0p_0}{\sum q_0p_0}=\frac{1.25\times100+1.10\times100+1.50\times60}{100+100+60}=125.00\%$$

三种产品产量平均增长25.00%。

产值增长：$\frac{\sum q_1p_1}{\sum q_0p_0}-1=\frac{120+115+85}{100+100+60}-1=23.08\%$

由公式可以看出，产值受到产量和价格的双重影响。产量的增长会使总产值增加，在本题中，产量的增长率大于总产值的增长率，说明基期和报告期相比，产品的价格降低，但总产值却增加了，主要是因为产量增长在其中起了极大的正向作用。

14.5

$$A_p=\frac{\sum\frac{p_1}{p_0}q_0p_0}{\sum q_0p_0}=\frac{(1-0.1)\times80+(1-0.05)\times20+(1-0.15)\times160}{80+20+160}$$
$$=87.31\%$$

三种商品价格总变动报告期价格比基期降低1－87.31%＝12.69%。

14.6

$$\text{销售量指数 }I_q=\frac{\sum q_1p_1}{\sum q_0p_1}=\frac{\sum q_1p_1}{\sum q_0p_0\frac{p_1}{p_0}}=\frac{556.5}{525\times(1-2.6\%)}=108.83\%$$

所以该商店销售量要增加8.83%，才能使本期销售达到原定目标。

14.7　2002年的平均工资为：

$$\frac{\sum p_0q_0}{\sum q_0}=\frac{\sum p_0q_0}{\sum q_1\frac{q_0}{q_1}}=\frac{167\,076-9\,576}{229.5\times\frac{1}{1.02}}=700(\text{元})$$

14.8　（1）三种产品的产值总指数为：

$$I_{pq}=\frac{\sum p_1q_1}{\sum p_0q_0}=\frac{9\times1\,000+58.5\times500+115\times800}{8.5\times900+55\times500+100\times700}=123.87\%$$

产值增减总额为：

$$\sum p_1q_1-\sum p_0q_0=130\ 250-105\ 150=25\ 100(\text{元})$$

（2）以2003年产量为权数计算三种产品的加权单位产品成本综合指数为：

$$I_p=\frac{\sum p_1q_1}{\sum p_0q_1}=\frac{9\times1\ 000+58.5\times500+115\times800}{8.5\times1\ 000+55\times500+100\times800}=112.28\%$$

因产量变动的产值增减额为：

$$\sum p_0q_1-\sum p_0q_0=116\ 000-105\ 150=10\ 850(\text{元})$$

（3）以2002年的单位产品成本为权数计算三种产品的加权产量总指数为：

$$I_q=\frac{\sum p_0q_1}{\sum p_0q_0}=\frac{8.5\times1\ 000+55\times500+100\times800}{8.5\times900+55\times500+100\times700}=110.32\%$$

（4）因单位产品成本变动的产值增减额为：

$$\sum p_1q_1-\sum p_0q_1=130\ 250-116\ 000=14\ 250(\text{元})$$

因产量变动对产值影响的相对值为10 850元；因单位产品成本变动对产值影响的相对值为14 250元；产值增减总额为25 100元（10 850+14 250）。

$$\text{产值增减总额}=\begin{matrix}\text{产量变动对}\\\text{产值的影响}\end{matrix}+\begin{matrix}\text{单位产品成本}\\\text{变动对产值的影响}\end{matrix}$$

即

$$\sum q_1p_1-\sum q_0p_0=(\sum q_1p_0-\sum q_0p_0)+(\sum q_1p_1-\sum q_1p_0)$$

14.9

$$\text{基期平均劳动生产率}\ \bar{x}_0=\frac{\sum x_0f_0}{\sum f_0}=6.32(\text{万元/人})$$

$$\text{报告期平均劳动生产率}\ \bar{x}_1=\frac{\sum x_1f_1}{\sum f_1}=6.18(\text{万元/人})$$

$$\text{该企业平均劳动生产率}\ \bar{x}_n=\frac{\sum x_0f_1}{\sum f_1}=6.02(\text{万元/人})$$

该企业平均劳动生产率变动分析：

$$\text{总平均水平指数}\ I_{xf}=\frac{\bar{x}_1}{\bar{x}_0}=\frac{6.18}{6.32}=97.79\%$$

$$\text{劳动生产率变动额}\ \bar{x}_1-\bar{x}_0=6.18-6.32=-0.14(\text{万元/人})$$

其中：

（1）三个车间劳动生产率的变动对平均劳动生产率的影响：

$$\text{组水平变动指数}\ I_x=\frac{\bar{x}_1}{\bar{x}_n}=\frac{6.18}{6.02}=102.58\%$$

各车间劳动生产率的变动对全厂劳动生产率的影响：

$$\bar{x}_1-\bar{x}_n=6.18-6.02=0.16(\text{万元/人})$$

（2）各车间人数变动对劳动生产率的影响：

结构变动指数 $I_f = \dfrac{\bar{x}_n}{\bar{x}_0} = \dfrac{6.02}{6.32} = 95.32\%$

各车间人数结构的变动对全厂劳动生产率的影响：

$\bar{x}_n - \bar{x}_0 = 6.02 - 6.32 = -0.3$(万元/人)

计算结果表明，全厂平均劳动生产率下降 2.21% ，各车间劳动生产率提高使得全厂劳动生产率提高 2.58%，各车间人数结构变动使全厂劳动生产率下降 4.68%，即

$97.79\% = 102.58\% \times 95.32\%$

从绝对数上看，全厂劳动生产率降低了 0.14 万元/人，各车间劳动生产率提高使得全厂劳动生产率提高 0.16 万元/人，各车间人数结构变动使全厂劳动生产率降低 0.3 万元/人，即

$-0.14 = 0.16 + (-0.3)$

14.10 计算出各代表规格品的价格指数：

面粉的价格指数 $i = \dfrac{p_1}{p_0} = \dfrac{2.20}{2.00} = 110.0\%$

粳米的价格指数 $i = \dfrac{p_1}{p_0} = \dfrac{3.00}{2.80} = 107.14\%$

根据各代表规格品的价格指数及给出的相应权数，加权算术平均计算小类指数。

细粮的价格指数 $i_p = \dfrac{\sum iW}{\sum W} = \dfrac{1.10 \times 56 + 1.07 \times 44}{100} = 108.74\%$

根据各小类指数及相应的权数，加权算术平均计算大类指数。

$$粮食类价格指数\ i_p = \dfrac{\sum iW}{\sum W} = \dfrac{108.74\% \times 82 + 104.18\% \times 18}{100}$$

$$= 107.92\%$$

模拟试题（A 卷）

选择题答题卡（将选择题的答案填写在答题卡相应的序号下）：

题号	1	2	3	4	5	6	7	8	9	10
答案										
题号	11	12	13	14	15	16	17	18	19	20
答案										

一、（每小题 1 分，共 20 分）单项选择题

1. 指出下面的变量哪一个属于分类变量（　　）。

A. 月工资收入　　B. 某种药品的价格

C. 上市公司所属的行业　　D. 企业的销售收入

2. 分层抽样的特点是（　　）。

A. 可以保证总体中的每一个元素都有相同的机会被抽中

B. 抽出的元素不再放回总体中参加下次抽选

C. 先将总体元素划分为若干类，再从各类中抽取样本元素

D. 先将总体元素划分成若干群，再从各群中抽取部分群

3. 某公司共有员工 2 000 人，月平均工资是 5 000 元，标准差是 500 元。如果员工的月工资收入为对称分布，月收入在 4 000 元至 6 000 元之间的员工人数约为（　　）人。

A. 1 360　　B. 1 500　　C. 1 900　　D. 1 980

4. 随机抽取 200 个大学生，得到月生活费支出的数据。要描述生活费支出的分布状况，适合的图形是（　　）。

A. 直方图　　B. 条形图　　C. 散点图　　D. 雷达图

5. 要比较北京、天津、上海、重庆四个城市中个人消费支出的离散程度，最适合的统计量是（　　）。

A. 极差　　B. 标准差　　C. 离散系数　　D. 标准分数

6. 一种节能灯泡使用寿命的均值为 6 000 小时，标准差为 100 小时。如果从中随机抽取 100 只灯泡进行检测，则样本均值的抽样分布（　　）。

A. 近似服从正态分布，期望值为 600 小时，标准误差为 100 小时

B. 近似服从正态分布，期望值为 6 000 小时，标准误差为 10 小时

C. 近似服从 t 分布，期望值为 600 小时，标准误差为 100 小时

D. 近似服从 t 分布，期望值为 6 000 小时，标准误差为 10 小时

7. 下面关于统计量的描述正确的是（　　）。

A. 统计量是样本的函数

B. 统计量描述总体的分布特征

C. 统计量是未知的

D. 统计量的分布是未知的

8. 一个估计量的无偏性是指（　　）。

A. 该估计量的期望值等于被估计的总体参数

B. 该估计量的一个具体数值等于被估计的总体参数

C. 该估计量的方差比其他估计量的方差大

D. 该估计量的方差比其他估计量的方差小

9. 在假设检验中，不拒绝原假设意味着（　　）。

A. 原假设肯定是正确的

B. 原假设肯定是错误的

C. 没有证据证明原假设是正确的

D. 没有证据证明原假设是错误的

10. 某药品生产企业采用一种新的配方生产某种药品，并声称新配方药的疗效远好于旧的配方。为检验企业的说法是否属实，医药管理部门抽取一个样本进行检验，提出的假设为 H_0：$\mu \geqslant \mu_0$；H_1：$\mu < \mu_0$。该检验所犯的第二类错误是指（　　）。

A. 新药的疗效有显著提高，得出新药疗效没有显著提高的结论

B. 新药的疗效有显著提高，得出新药疗效有显著提高的结论

C. 新药的疗效没有显著提高，得出新药疗效没有显著提高的结论

D. 新药的疗效没有显著提高，得出新药疗效有显著提高的结论

11. 在下面的各种推断中，使用 F 分布的是（　　）。

A. 检验两个类别变量是否独立

B. 检验两个总体的方差比

C. 推断两个总体的比例差

D. 检验相关系数的显著性

12. 下面的哪个检验属于拟合优度检验（　　）。

A. 1—12 月的销售额是否相同

B. 消费者的性别与满意度的关系

C. 不同地区的收入是否有显著差异

D. 收入与支出的关系

13. 某食品企业生产的袋装食品标签上声称，每袋的平均重量不低于 100 克。管理部门随机抽出一个样本进行检验，提出的假设为 H_0：$\mu \geqslant 100$；H_1：$\mu < 100$，得到检验的 P 值为 0.02。0.02 这个数值表示（　　）。

A. 平均重量不低于 100 克的概率是 0.02

B. 平均重量低于 100 克的概率为 0.02

C. 如果每袋的平均重量不低于 100 克，得到该样本数据的概率为 0.02

D. 如果每袋的平均重量低于 100 克，得到该样本数据的概率为 0.02

14. 从商学院、经济学院、财经学院和环境学院分别抽取 30 个学生，得到每个学生的数学考试分数数据。要分析各学院的考试分数是否有显著差异，适合的分析方法是（　　）。

A. 独立样本 t 检验　　B. χ^2 拟合优度检验

C. 回归分析　　D. 方差分析

15. 指出下面的陈述哪一个是不正确的（　　）。

A. 95%的置信区间不意味着按相同方法构建的 100 个区间恰好有 95 个区间包含参数

B. 一个有效的估计量得到的参数估计比一个无偏的估计量更可靠

C. 当样本量 n 趋于无穷大时，t 分布等于正态分布

D. 对于两个独立的样本，t 检验和方差分析的结论不同

16. 指出下面的陈述哪一个是正确的（　　）。

A. 回归分析中的因变量和自变量必须都是数值的

B. 方差分析的自变量是分类的，因变量是数值的

C. χ^2 独立性检验的行变量是数值的，列变量是分类的

D. 度量变量之间关系强度的统计量就是 Pearson 相关系数

17. 在多元线性回归中，通常采用调整的R^2来评价模型的拟合程度，这是为了（　　）。

A. 提高模型的拟合程度

B. 降低模型的拟合程度

C. 避免R^2随着引入模型中自变量的个数的增加而趋于 0

D. 避免R^2随着引入模型中自变量的个数的增加而趋于 1

18. 如果线性回归模型 $y=\beta_0+\beta_1x_1+\beta_2x_2+\varepsilon$ 的 F 检验显著（　　）。

A. 并不意味着 x_1 和 x_2 对 y 的影响都显著

B. 则意味着 x_1 和 x_2 对 y 的影响肯定都显著

C. 表明 x_1 对 y 的影响是显著的，x_2 对 y 的影响是不显著的

D. 表明 x_1 和 x_2 对 y 的影响可能都不显著

19. 如果时间序列中含有趋势、季节和随机成分，下面的哪种方法适合用于预测（　　）。

A. 简单指数平滑　　B. Holt 指数平滑

C. Winter 指数平滑　　D. 移动平均模型

20. 季节变动的特点是（　　）。

A. 呈现出非固定长度的周期性变动

B. 呈现出某种持续向上或持续下降的变动

C. 呈现出波浪形或振荡式变动

D. 在一年内重复出现固定周期的波动

二、（20 分）在某学院随机抽取 30 个学生，得到的统计学考试分数如下：

77	81	79	64	97	91	61	96	79	80	74	90	80	90	86
72	88	83	73	75	90	88	75	79	82	62	82	69	86	75

写出描述上述数据的图形和统计量，并作简要说明。

三、（20 分）某种啤酒的标签上标示：酒精含量≤10%。为检验标签上的说法是否属实，质监部门随机抽取 20 个批次的样本进行检测，得到的结果如下（单位：%）：

10.1	10.3	10.0	10.0	10.2	9.9	9.8	10.1	10.1	9.9
9.8	9.9	10.3	9.9	10.2	10.1	10.3	10.0	9.8	9.8

（1）写出检验的原假设和备择假设。

（2）检验所使用的分布是什么？使用这一分布的假定条件是什么？

（3）检验得到的 P-value=0.264 5。解释 P 值的含义。

（4）根据样本数据得到的 95%的置信区间为（9.94，10.11），该啤酒酒精含量的总体均值是否在这一区间？说明理由。

四、（20分）为分析不同行业的工资水平是否有显著差异，从金融业、房地产业和制造业各随机抽取 2 000 人，得到的月工资收入数据如下（单位：元）：

	金融业	房地产业	制造业
1	9 907	8 338	3 473
2	10 151	7 653	5 073
3	7 641	5 940	4 305
4	9 599	6 248	4 757
5	8 535	6 806	4 744
6	10 569	7 248	4 026
7	9 677	7 852	6 250
8	8 138	7 658	6 163
⋮	⋮	⋮	⋮
1 999	11 724	8 483	5 209
2 000	9 493	6 277	6 019

（1）要分析不同行业的工资水平是否有显著差异，采用什么统计方法？

（2）该分析中的假定有哪些？简要说明这些假定。

（3）简要说明分析的过程。

五、（20分）为分析影响消费的因素，随机抽取 2 000 个家庭，得到家庭人均消费水平、家庭人均收入、家庭储蓄总额、投资总额等 4 个变量的有关数据。假定要建立一个多元线性回归模型预测人均消费水平，请你写出建模的基本步骤，并作简要说明。

模拟试题（B 卷）

选择题答题卡（将选择题的答案填写在答题卡相应的序号下）：

题号	1	2	3	4	5	6	7	8	9	10
答案										
题号	11	12	13	14	15	16	17	18	19	20
答案										

一、（每小题 1 分，共 20 分）单项选择题

1. 指出下面的数据哪一个属于有序分类数据（　　）。

A. 上班的出行方式：自驾车，乘坐公共交通工具，骑自行车

B. 5 个人的年龄（岁）：21，26，35，22，28

C. 学生的考试成绩：优秀，良好，中，及格，不及格

D. 各季度的汽车产量（万辆）：25，27，30，26

2. 要反映某地区家庭收入的分布特征，适宜的图形是（　　）。

A. 条形图　　B. 环形图　　C. 直方图　　D. 散点图

3. 某大学共有 5 000 名本科学生，每人每月平均生活费支出是 500 元，标准差是 100 元。假定该校学生的生活费支出为对称分布，月生活费支出在 400～600 元之间的学生人数大约为（　　）人。

A. 4 750　　B. 4 950　　C. 4 550　　D. 3 400

4. 在某班随机抽取 10 名学生，期末数学课程的考试分数分别为：68，73，66，76，86，74，63，90，65，89。该班考试分数 25%和 75%位置上的分位数分别是（　　）。

A. 60.5 和 76　　B. 65.5 和 81　　C. 70.5 和 86　　D. 75.5 和 91

5. 一家电子产品销售部门记录了 3 年中每天的销售额，其均值为 2 500 元，标准差为 400 元。由于节假日的销售额偏高，所以每日销售额的分布是右偏的。假设从这一年中随机抽取 100 天的销售额，则样本均值的抽样分布是（　　）。

A. 近似正态分布，均值为 250 元，标准差为 40 元

B. 近似正态分布，均值为 2 500 元，标准差为 40 元

C. 右偏分布，均值为 2 500 元，标准差为 400 元

D. 近似正态分布，均值为 2 500 元，标准差为 400 元

6. 在对几组数据的离散程度进行比较时使用的统计量通常是（　　）。

A. 异众比率　　B. 平均差　　C. 标准差　　D. 离散系数

7. 在假设检验中，第二类错误是指（　　）。

A. 当原假设正确时拒绝原假设

B. 当原假设错误时未拒绝原假设

C. 当备择假设正确时未拒绝备择假设

D. 当备择假设不正确时拒绝备择假设

8. 某家电制造公司的管理者想比较 A，B，C 三种不同的培训方式对产品组装时间的多少是否有显著影响，将 20 名新员工随机分配给每种培训方式。在培训结束后，对参加培训的员工组装一件产品所花的时间进行分析，得到下面的方差分析表。

差异源	SS	df	MS	F
组间	5.35	2	2.675	A
组内	7.43	23	0.323	
总计	12.78	25		

表中“A”单元格内的结果是（　　）。

A. 0.12　　B. 0.86　　C. 0.72　　D. 8.28

9. 下面的哪一个统计量不能用于评价回归方程的拟合优度（　　）。

A. 相关系数　　B. 回归系数　　C. 判定系数　　D. 估计标准误差

10. 为研究学生在期末考试之前用于复习的时间（x）和考试分数（y）之间的关系，随机抽取了由 8 名学生构成的一个随机样本，由回归分析得到的方差分析表如下。

	df	SS	MS	F
回归	1	658.5	658.5	17.4
残差	6	227.5	37.9	
总计	7	886.0		

据此计算的估计标准误差 s_e 为（　　）。

A. 25.7　　B. 37.9　　C. 6.2　　D. 29.8

11. 指数曲线适合于预测（　　）。

A. 各期观察值按一定的增长率增长或衰减的序列

B. 各期观察值按一定的常数增加或减少的序列

C. 具有线性趋势的序列

D. 具有随机波动的序列

12. 为了估计某地区小学生的平均体重，在该地区的 100 所小学中随机抽取 1 000 人进行调查。在该项调查中，研究者感兴趣的参数是（　　）。

A. 该地区 100 所小学的总人数

B. 所抽取的 1 000 名小学生的平均体重

C. 该地区所有小学生的平均体重

D. 该地区小学生中肥胖人数的比例

13. 样本均值的抽样标准差所描述的是（　　）。

A. 样本均值的离散程度

B. 一个样本中各观测值的离散程度

C. 总体所有观测值的离散程度

D. 样本方差的离散程度

14. 根据一个具体的样本求出的总体均值 95%的置信区间（　　）。

A. 以 95%的概率包含总体均值

B. 有 5%的可能性包含总体均值

C. 一定包含总体均值

D. 可能包含也可能不包含总体均值

15. 在假设检验中，备择假设所表达的含义总是指（　　）。

A. 参数是正确的　　B. 变量之间没有关系

C. 参数没有发生变化　　D. 参数发生了变化

16. 在方差分析中，检验统计量 F 是（　　）。

A. 组间平方和除以组内平方和　　B. 组间平方和除以组内均方

C. 组间平方和除以总平方和　　D. 组间均方除以组内均方

17. 在回归模型 $y=\beta_0+\beta_1 x+\varepsilon$ 中，ε 反映的是（　　）。

A. 由于 x 的变化引起的 y 的线性变化部分

B. 由于 y 的变化引起的 x 的线性变化部分

C. 除 x 和 y 的线性关系之外的随机因素对 y 的影响

D. 由于 x 和 y 的线性关系对 y 的影响

18. 在多元回归分析中，多重共线性是指模型中（　　）。

A. 两个或两个以上的自变量彼此相关

B. 两个或两个以上的自变量彼此无关

C. 因变量与一个自变量相关

D. 因变量与两个或两个以上的自变量相关

19. 某月的商品销售额为 84 万元，该月的季节指数等于 1.2，消除季节因素影响后该月的销售额为（　　）万元。

A. 100.8　　B. 90.8　　C. 70　　D. 60

20. 购买 3 只股票，一周内上涨的股票数 X 及相应的概率如下表所示。

上涨的股票（$X=x_i$）	0	1	2	3
概率（$P(X=x_i)=p_i$）	0.10	0.25	0.35	0.30

上涨股票数的期望值为（　　）。

A. 1.85　　B. 0.9　　C. 7.49　　D. 8.49

二、（共 20 分）简要回答下列问题

（1）在 2008 年 8 月北京举办的第 29 届奥林匹克运动会上，获得金牌总数前三名的国家及奖牌数如下。要描述这一数据，可以使用的图形有哪些？说明它们在描述这一数据中的用途。

排名	国家	金牌	银牌	铜牌	总数
1	中国	51	21	28	100
2	美国	36	38	36	110
3	俄罗斯	23	21	28	72

（2）在多元线性回归分析中，如果某个回归系数的 t 检验不显著，是否就意味着这个自变量与因变量之间的线性回归不显著？为什么？当出现这种情况时应如何处理？

三、（20分）在奥运会男子10米气手枪比赛中，每个运动员首先进行预赛，根据预赛总成绩确定进入决赛的8名运动员。决赛时8名运动员再进行10枪射击，然后用预赛成绩加上决赛成绩确定最后的名次。在2008年8月10日举行的第29届北京奥运会男子10米气手枪决赛中，最后获得金牌和银牌的两名运动员10枪的决赛成绩如下表所示：

运动员	国家	决赛成绩（环）									
庞　伟	中国	9.3	10.3	10.5	10.3	10.4	10.3	10.7	10.4	10.7	9.3
秦钟午	韩国	9.5	9.9	10.6	10.3	9.4	10.2	10.1	10.8	9.9	9.8

根据上表计算的韩国运动员秦钟午的平均环数是10.05环，标准差是0.445环。

（1）计算两名运动员决赛成绩的中位数。

（2）计算庞伟决赛成绩的平均数和样本标准差。

（3）比较分析哪个运动员的发挥更稳定。

四、（20分）某公司为研究职工上班从家里到单位的时间，抽取了由16人组成的一个随机样本，他们自驾车上班到单位的时间（单位：分钟）如下：

15 22 12 19 33 52 27 40 48 35 75 28 47 61 33 13

假定该公司职工自驾车上班的时间服从正态分布，在99%的置信水平下，估计：

（1）该公司职工自驾车上班平均时间的置信区间。

（2）如果已知总体标准差为20分钟，估计该公司职工自驾车上班平均时间的置信区间。

（3）如果已知总体标准差为20分钟，若要求估计误差不超过10分钟，应抽取多少职工进行调查？

（注：$z_{\alpha/2}=z_{0.005}=2.58$，$t_{\alpha/2}(n-1)=t_{0.005}(16-1)=2.947$）

五、（20分）一家餐饮连锁企业拥有多家分店。管理者认为，营业额与各分店的营业面积和服务人员数量有一定关系，并试图建立一个回归模型，通过营业面积和服务人员数量预测营业额。为此，收集到10家分店的营业额（万元）、营业面积（平方米）和服务人员数量（人）的数据。经回归得到下面的有关结果（$\alpha=0.05$）。

回归统计

Multiple R	R Square	Adjusted R Square	标准误差
0.914 7	0.836 6	0.789 9	60.706 3

方差分析

	df	SS	MS	F	Significance F
回归	2	132 093.199	66 046.600	17.922	0.002
残差	7	25 796.801	3 685.257		
总计	9	157 890.000			

参数估计和检验

	Coefficients	标准误差	t Stat	P-value
Intercept	−115.288	110.568	−1.043	0.332
X Variable 1	0.578	0.503	1.149	0.288
X Variable 2	3.935	0.699	5.628	0.001

（1）指出上述回归中的因变量和自变量。

（2）写出多元线性回归方程。

（3）分析回归方程的拟合优度。

（4）对回归模型的线性关系进行显著性检验。

模拟试题（A卷）参考答案

一、单项选择题

题号	1	2	3	4	5	6	7	8	9	10
答案	C	C	A	A	C	B	A	A	D	C
题号	11	12	13	14	15	16	17	18	19	20
答案	B	A	C	D	C	B	D	A	C	D

二、描述该数据的图形包括：

用直方图、茎叶图和箱线图等，描述考试分数的分布状况。

用平均数、中位数、四分位数和百分位数等描述考试分数的水平；用极差、四分位差、方差或标准差等描述考试分数的离散程度；用偏度系数和峰度系数描述考试分数分布的偏斜程度和峰度；用标准分数检查考试分数是否有离群点。

三、(1) H_0：$\mu \leqslant 10\%$；H_1：$\mu > 10\%$

(2) 使用 t 分布。假定条件是：酒精含量服从正态分布。

(3) $P=0.2645$ 表示：没有证据表明酒精含量不是小于 10%，或者说，如果我们得出酒精含量大于 10%的结论，犯错误的概率高达 0.264 5。

(4) 不能确定啤酒酒精含量的总体均值就在这一区间，因为 95%的置信区间不是针对任何一个特定的区间而言的。(9.94，10.11) 这个区间要么一定包含总体均值，要么一定不包含总体均值，至于这个区间是否包括总体均值并不知道。

四、(1) 方差分析。

(2) 正态性，即每个样本所对应的总体都服从正态分布。方差齐性，即每个样本所对应的总体方差都相同。独立性，即每个样本都是独立抽自相应的总体。

(3) 首先提出假设：H_0：$\mu_1=\mu_2=\mu_3$；H_1：μ_1，μ_2，μ_3 不全相等。然后计算检验统计量 F，并计算统计量的 P 值。最后根据 P 作出决策。

五、(1) 确定出一个因变量，将其余变量作为自变量，并假定因变量与各自变量之间为线性关系。

(2) 建立线性回归模型 $y=\beta_0+\beta_1x_1+\beta_2x_2+\beta_3x_3+\beta_4x_4+\varepsilon$，并用最小二乘法得到估计的回归方程 $\hat{y}=\hat{\beta}_0+\hat{\beta}_1x_1+\hat{\beta}_2x_2+\hat{\beta}_3x_3+\hat{\beta}_4x_4$。

(3) 调整的多重判定系数 R_a^2 分析模型的拟合程度，并对估计标准误差进行分析。

(4) 对模型的线性关系进行 F 检验，并对各回归系数进行 t 检验，分析模型的线性关系是否显著。若 F 检验和 t 检验均显著，则可以用模型作初步预测。若 F 检验显著，而部分回归系数不显著，则需要作共线性分析。根据 VIF 判断，如果共线性严重，则需要超越逐步回归对变量进行筛选并重新建立模型。

(5) 利用所建立的模型进行初步预测。

(6) 多模型进行诊断。通过残差分析判断模型是否合适。如果模型不合适，需要考虑建立非线性模型或其他模型。如果合适，则可以利用该模型作出预测。

模拟试题（B卷）参考答案

一、单项选择题

题号	1	2	3	4	5	6	7	8	9	10
答案	C	C	D	B	B	D	B	D	B	C
题号	11	12	13	14	15	16	17	18	19	20
答案	A	C	A	D	D	D	C	A	C	A

二、(1) 可以使用的图形有：条形图或复式条形图，描述每个国家各奖牌的多少；饼图或环形图，反映各奖牌的构成或各国奖牌构成的比较。雷达图，比较各国奖牌的差异或相似性。

(2) 不一定。因为共线性的存在产生这种情况。出现共线性时，可以将一个或多个相关的自变量从模型中剔除，使保留的自变量尽可能不相关。比如进行逐步回归。

三、(1) 中位数：庞伟=10.35；秦钟午=10。

(2) 庞伟：平均数=10.22，样本标准差=0.507 28。

(3) 离散系数：庞伟=0.049 636；秦钟午=0.044 313。秦钟午的发挥更稳定。

四、(1) 已知 $n=16$。根据样本数据计算得：

$$\bar{x}=\frac{\sum_{i=1}^{n}x_i}{n}=\frac{560}{16}=35, s=\sqrt{\frac{\sum_{i=1}^{n}(x_i-\bar{x})^2}{n-1}}=\sqrt{\frac{4\ 862}{16-1}}=18$$

由于 $n=16$ 为小样本，且总体方差未知，所以用 t 分布构建置信区间。

$$\bar{x}\pm t_{\alpha/2}\frac{s}{\sqrt{n}}=35\pm2.947\times\frac{18}{\sqrt{16}}=35\pm13.26$$

即该公司职工自驾车上班平均时间的 95%的置信区间在 22.74～48.26 分钟之间。

(2) 由于 $n=16$ 为小样本，但总体标准差已知，所以用正态分布构建置信区间。

$$\bar{x}\pm z_{\alpha/2}\frac{s}{\sqrt{n}}=35\pm2.58\times\frac{18}{\sqrt{16}}=35\pm11.61$$

即该公司职工自驾车上班平均时间的 95%的置信区间在 23.39～47.61 分钟之间。

(3) 由于 $E=10$，所以应抽取的职工数为：

$$n=\frac{(z_{\alpha/2})^2s^2}{E^2}=\frac{(2.58)^2\times18^2}{10^2}=21.57\approx22$$

五、(1) 自变量是营业面积和服务人员数量，因变量是营业额。

(2) 多元线性回归方程为：$\hat{y}=-115.288+0.578x_1+3.935x_2$。

(3) 判定系数 $R^2=83.66\%$，表明在营业额的总变差中，有 83.66%可由营业额与营业面积和服务人员数量之间的线性关系来解释，说明回归方程的拟合程度较高。估计标准误差 $s_e=60.703\ 6$，表示用营业面积和服务人员数量来预测营业额时，平均的预测误差为 60.703 6 万元。

(4) 从方差分析表可以看出，Significance F=0.002<α=0.05，营业额与营业面积和服务人员数量之间的线性关系是显著的。

贾俊平的其他相关著作

本书基于 SPSS 实现全部例题的计算与分析，并给出了 SPSS 的详细操作步骤和结果。内容包括数据的描述性分析方法、推断方法以及其他常用的一些统计方法等。可作为高等院校经济管理类专业以及部分理、工、农、林、医、药专业的本科生教材使用。

本书基于 R 实现全部例题的计算与分析，并给出了 R 的详细程序和结果。内容包括数据的描述性分析方法、推断方法以及其他常用的一些统计方法等。可作为高等院校经济管理类专业以及部分理、工、农、林、医、药专业的本科生教材使用。

本书基于 Excel 实现例题的计算与分析。内容包括描述统计、推断统计以及实际中常用的一些统计方法等。可作为高等院校非统计学专业本科生教材使用，也可作为实际工作者的参考书。

本书包括描述统计、推断统计及一些常用的基本统计方法。使用 Excel 软件实现例题计算与分析。可作为高等院校的全校通识课教材，也可作为一般性院校的本科生教材使用。

本书以 R 语言为实现工具，以数据可视化分析为导向，结合实际案例介绍数据的可视化方法。全书包括 9 章内容，涵盖类别数据可视化、分布特征可视化、变量间关系可视化、样本相似性可视化、时间序列可视化方法、概率分布可视化等多方面内容。

本书是为非统计学专业的本科生而编写的学科基础课教材。从实际问题入手介绍统计方法的思想和应用，为其他课程的学习奠定基础。结合使用 SPSS 和 Excel 两个软件。

图书在版编目（CIP）数据

《统计学（第 8 版）》学习指导书/贾俊平编著. --
北京：中国人民大学出版社，2021.10
21 世纪统计学系列教材
ISBN 978-7-300-29797-2

Ⅰ.①统… Ⅱ.①贾… Ⅲ.①统计学-高等学校-教
学参考资料 Ⅳ.①C8

中国版本图书馆 CIP 数据核字（2021）第 171392 号

"十二五"普通高等教育本科国家级规划教材配套参考书
21 世纪统计学系列教材
《统计学（第 8 版）》学习指导书
贾俊平　编著
Tongjixue Dibaban Xuexi Zhidaoshu

出版发行	中国人民大学出版社		
社　　址	北京中关村大街 31 号	**邮政编码**	100080
电　　话	010－62511242（总编室）		010－62511770（质管部）
	010－82501766（邮购部）		010－62514148（门市部）
	010－62515195（发行公司）		010－62515275（盗版举报）
网　　址	http://www.crup.com.cn		
经　　销	新华书店		
印　　刷	北京七色印务有限公司		
开　　本	787 mm×1092 mm　1/16	**版　　次**	2021 年 10 月第 1 版
印　　张	9.75 插页 1	**印　　次**	2024 年 11 月第 7 次印刷
字　　数	209 000	**定　　价**	35.00 元

中国人民大学出版社　理工出版分社

教师教学服务说明

中国人民大学出版社理工出版分社以出版经典、高品质的统计学、数学、心理学、物理学、化学、计算机、电子信息、人工智能、环境科学与工程、生物工程、智能制造等领域的各层次教材为宗旨。

为了更好地为一线教师服务，理工出版分社着力建设了一批数字化、立体化的网络教学资源。教师可以通过以下方式获得免费下载教学资源的权限：

★ 在中国人民大学出版社网站 www.crup.com.cn 进行注册，注册后进入“会员中心”，在左侧点击“我的教师认证”，填写相关信息，提交后等待审核。我们将在一个工作日内为您开通相关资源的下载权限。

★ 如您急需教学资源或需要其他帮助，请加入教师 QQ 群或在工作时间与我们联络。

中国人民大学出版社　理工出版分社

教师 QQ 群：229223561(统计2组) 982483700(数据科学) 361267775(统计1组)
教师群仅限教师加入，入群请备注（学校＋姓名）

联系电话：010-62511967，62511076

电子邮箱：lgcbfs@crup.com.cn

通讯地址：北京市海淀区中关村大街 31 号中国人民大学出版社 507 室（100080）